Der große Weg ist torlos

Der große Weg ist torlos

Das Zen des Mumonkan

Übersetzt von Brigitte D'Ortschy
Mit einem Nachwort von Hans-Günter Wagner

Reclam

RECLAMS UNIVERSAL-BIBLIOTHEK Nr. 14610
2024 Philipp Reclam jun. Verlag GmbH,
Siemensstraße 32, 71254 Ditzingen

Umschlaggestaltung: Philipp Reclam jun. Verlag GmbH
Umschlagabbildung: Glänzender Lackporling und Kiefernzweig. Ausschnitt aus einem chinesischen Farbholzschnitt aus dem Malereihandbuch des Senfkorngartens, Qing-Dynastie, 18. Jahrhundert. – © Roland und Sabrina Michaud / akg-images
Druck und Bindung: Esser printSolutions GmbH,
Untere Sonnenstraße 5, 84030 Ergolding
Printed in Germany 2024
RECLAM, UNIVERSAL-BIBLIOTHEK und
RECLAMS UNIVERSAL-BIBLIOTHEK sind eingetragene Marken der Philipp Reclam jun. GmbH & Co. KG, Stuttgart
ISBN 978-3-15-014610-1

www.reclam.de

Inhalt

Shūans Vorwort

Mumonkan, die Torlose Schranke mag bedeuten, dass da kein Tor ist, das deinen Durchgang behindert, aber ich sage, dass jeder auf dieser Erde bereits hätte eintreten sollen.

Wenn du sagst, dass da ein Tor ist, sage ich, dass es unnötig war für Mumon, Kommentare hinzuzufügen, was dem Tragen eines Hutes auf einem anderen Hut gleichkommt.

Ich alter Shūan wurde zum Schreiben dieses Vorwortes gezwungen. Es ist wie den Saft aus getrocknetem Bambus zu pressen. So tropfe ich ihn auf dieses Kinderbuch. Wirf ihn weg! Wirf ihn selber weg!

Lass keinen Tropfen irgendwo in diesen großen Ozean fallen. Selbst das 1000-Meilen-Pferd Usui könnte ihn nicht wiederbringen.

Geschrieben von Shūan Chinken
im ersten Jahr Jotei (1228) am 30. Juli

Zenshu Mumonkan
Die Torlose Schranke der Zen-Schule

Mumons Vorwort

Buddhas Herz-Geist ist die Essenz und Nicht-Tor ist das Tor des Dharma.

Wenn es kein Tor gibt, wie gehst du durch die Schranke hindurch?

Hast du das Sprichwort gehört, das da sagt: »Was durch das Tor eingeht, ist nicht der Familienschatz?« Was Ursache und Wirkung unterliegt, hat Anfang und Ende.

Daher sind meine Erzählungen genau wie das Aufrühren von Wellen auf ruhigem Wasser und das Zufügen von Wunden auf gesundes Fleisch.

Wie viel törichter ist es, durch das Haften an Worten und Sätzen nach der Erkenntnis der Wahrheit zu suchen.

Wenn du versuchst, den Mond mit einem Stock zu schlagen oder einen juckenden Fuß außen durch deinen Schuh zu kratzen, bist du völlig daneben.

Im Sommer 1228 war ich, Ekai, Mönchsältester im Ryūshū-Kloster in Toka. Zu dieser Zeit baten mich die Mönche ernsthaft darum, ihnen durch Unterweisung von Nutzen zu sein. Darauf zog ich die Kōans aus alter Zeit hervor. Sie sollten wie Ziegel an ein Tor klopfen, und ich wies einem jeden Mönch ein passendes Kōan zu, um sie jeweils entsprechend ihrer Fähigkeit zu führen. Was ich aufgeschrieben habe, wurde schließlich eine Sammlung. Die Kōans sind nicht in irgendeine Reihenfolge gebracht. Wie auch immer – es wurden 48 Fälle. Die Sammlung als solche habe ich »Mumonkan« genannt.

Wenn du ein tapferer Kerl bist, wirst du geradewegs zur Wahrheit finden, unbekümmert von Gefahr oder Tod.

Selbst wenn der achtarmige Dämon Nata von großer Stärke dir im Weg steht, wirst du niemals anhalten.

Selbst die vier mal sieben indischen und die zwei mal drei chinesischen Patriarchen werden um ihr Leben bitten.

Solltest du zögern, ist es, wie wenn man durchs Fenster ein galoppierendes Pferd sieht. Im Nu wäre es schon weg.

Der Lobspruch lautet:

Der große Weg ist torlos.
Da sind nur tausend Wege,
durchdringst du die Schranke nur einmal,
wirst frei du wandeln im ganzen All.

Widmung an den Kaiser

Der 5. Januar im zweiten Jahr Jōtei (1229) ist der Gedenktag Ihrer Majestät. Am 5. Dezember letzten Jahres veröffentlichte Ihr ergebener Diener, Mönch Ekai, die 48 Beispiele, wie Buddhas und Patriarchen wirken.

Dies darbringend, gebe ich meinem Glückwunsch Ausdruck und bete für die Gesundheit Ihrer Majestät.

Möge Ihr kaiserlicher Glanz so wie der Glanz der Sonne und des Mondes sein!

Möge Ihr kaiserliches Alter das des Weltalls sein!

Mögen die Menschen in den acht Richtungen die Lobeshymne auf ihren tugendhaften Herrscher singen und die vier Meere sich der natürlichen Auswirkungen der Tugend Ihrer Majestät erfreuen.

Geschrieben in tiefem Respekt
von Ihrem ergebenen Diener,
Mönch Ekai, Übermittler des Dharma
und früherer Abt des Yuji-Tempels,
erbaut zu Ehren der Kaiserin Jii

Fall 1

JŌSHŪ: Hund

Das Beispiel:

Einst fragte ein Mönch Meister Jōshū mit allem Respekt: »Hat ein Hund wirklich Buddha-Wesen oder nicht?«

Jōshū sagte: »Mu.«

Mumon sagt:

Bei der Übung des Zen müsst ihr durch die Schranke der Patriarchen dringen und, um diese unvergleichliche Erleuchtung zu finden, den Weg des Herzens (Bewusstseins) völlig abschneiden. Wenn ihr die Schranke der Patriarchen nicht durchdringt und den Weg des Herzens (Bewusstseins) nicht abschneidet, seid ihr Gespenstern gleich, die sich an Gräsern halten, an Bäume heften.

Sagt einmal: Was denn ist diese Schranke der Patriarchen? Nur dies Eine, dieses Mu, das ist die Schranke unserer Schule. So hat man es die »Torlose Schranke der Zen-Schule« genannt. Wer hindurchgegangen ist, der kann nicht allein Jōshū von Angesicht zu Angesicht sehen, sondern auch Hand in Hand mit den Patriarchen aller bisherigen Generationen wandeln, mit ihnen Braue an Braue sein, mit den gleichen Augen sehen, mit den gleichen Ohren hören. Ist denn das nicht Freude und Entzücken? Ist da nicht jemand, der durch die Schranke dringen will?

So versenkt euch denn mit allen 360 Knochen und Gelenken und den 84 000 Poren, der ganze Leib ein einziges (fragendes) Zweifeln, in dieses Mu. Haltet Tag und Nacht ausschließlich daran fest. Fasst es nicht als »Nichts« auf, noch fasst es als »Sein« oder »Nicht-Sein«. Es muss sein wie mit einer rotglühenden Eisenkugel, die ihr verschluckt habt und ausspeien möchtet, aber nicht ausspeien könnt. Ihr müsst alle bisherigen verblendeten Gedanken, verblendeten Gefühle auslöschen. Nach geraumer Zeit reift (Mu) heran, und wenn Innen und Außen ganz natürlich in eins zusammenfallen, werdet ihr wie Stumme sein, die einen Traum gehabt haben: Es ist euch nur vergönnt, das einzig für euch selbst zu wissen. Wenn dann urplötzlich (Mu) aufbricht, setzt es den Himmel in Bestürzung, bringt die Erde in Bewegung. Gleich als hättet ihr das große Schwert von General Kan geraubt und hieltet es nun in der Hand, werdet ihr den Buddha töten, wenn ihr ihn trefft, werdet ihr die Patriarchen töten, wenn ihr sie trefft. Auch am Rande von Leben und Tod stehend, werdet ihr die große Freiheit genießen; in den Sechs Bereichen und Vier Arten von Geburt werdet ihr im Samadhi unschuldigen Spielens sein.

Wie nun haltet ihr ausschließlich an Mu fest? Alle eure Lebenskraft erschöpfend, sammelt euch auf Mu. Wenn ihr unterwegs nicht aufgebt, werdet ihr erleuchtet werden, gleich wie eine Dharma-Kerze durch einen einzigen Funken entzündet wird.

Der Lobspruch lautet:

Hund! Buddha-Wesen!
Vollkommene Manifestation, unabdingbarer Befehl.
Ein klein wenig »hat« oder »hat nicht« –
Leib verloren, Leben verloren.

Fall 2

HYAKUJŌ: Fuchs

Das Beispiel:

Immer wenn Hyakujō ein Teishō hielt, war da ein Alter und hörte gemeinsam mit den Mönchen zu. Wenn die Mönche hinausgingen, so ging auch er. Doch eines Tages ging er nicht hinaus. Da fragte Hyakujō ihn: »Der hier vor mir steht, wer ist das?«

Der Alte sagte: »Wahrlich, ich bin kein Mensch. In ferner Vergangenheit, zur Zeit des Kasho Buddha, lebte ich auf diesem Berg hier. Einst fragte mich ein Schüler: ›Fällt ein Erleuchteter unter das Gesetz von Ursache und Wirkung oder nicht?‹ Ich antwortete: ›Er fällt nicht unter das Gesetz von Ursache und Wirkung.‹«

500 Leben lang bin ich nun dem Fuchsdasein verfallen. Jetzt bitte ich den Abt, ein Umkehrwort zu sprechen statt meiner und mich von dem Fuchsdasein zu befreien.« Dann fragte er: »Fällt ein Erleuchteter unter das Gesetz von Ursache und Wirkung oder nicht?« Hyakujō sprach: »Das Gesetz von Ursache und Wirkung wird nicht verdunkelt.«

Bei diesen Worten erlebte der Alte tiefe Erleuchtung. Er warf sich nieder und sprach: »Ich lege nun den Fuchsleib ab. Er wird auf der anderen Bergseite sein. Ich möchte euch um etwas bitten, Abt. Lasst ihn bitte als Priester begraben.«

◆ *Teishō:* Darlegung des Dharma

Hyakujō ließ den »Ino« (Mönch, dem die Verwaltung obliegt) die Klappern anschlagen und die Mönche davon unterrichten, dass sie nach der Mahlzeit einem toten Mönch das letzte Geleit geben würden. Die Bruderschaft war sehr verwundert. Die Mönche waren alle wohlauf; auch in der Nirvana-Halle (Krankenstube) lag niemand krank. Was also sollte das nur heißen?

Nach der Mahlzeit führte Hyakujō die Mönche auf die andere Bergseite zum Fuß des Berges und stocherte mit seinem Stab einen toten Fuchsleib heraus. Danach hielt er die Verbrennungsfeierlichkeiten.

Am Abend bestieg Hyakujō das Podium und legte das vorher erwähnte Geschick dar. Ōbaku fragte alsbald: »Der Alte verfehlte das Umkehrwort und verfiel auf 500 Leben dem Fuchsleib. Wenn er sich nun bei keinem Umkehrwort geirrt hätte, was wäre denn geworden?«

Hyakujō sprach: »Komm einmal nah her zu mir; ich werde es dir sagen.« Ōbaku ging nah zu ihm hin und gab ihm eine Ohrfeige.

Hyakujō klatschte in die Hände und sagte lachend: »Ich hab gedacht, der Barbar habe einen roten Bart; doch hier ist ein Rotbart-Barbar!«

• *der Barbar habe einen roten Bart:* Der aus Indien oder Zentralasien stammende Bodhidharma hieß in China der »rotbärtige Barbar«.

Mumon sagt:

»Nicht unter das Gesetz von Ursache und Wirkung fallen« –

Wieso denn dann dem Fuchsdasein verfallen?

»Nicht das Gesetz von Ursache und Wirkung verdunkeln« –

Wieso denn den Fuchsleib ablegen?

Wenn du im Hinblick auf dieses das eine Auge hast, so begreifst du, dass die fünfhundert Leben des früheren Hyakujō doch von begnadeter Fülle waren.

Der Lobspruch lautet:

Nicht fallen, nicht verdunkeln,
zwei Seiten eines Würfels.
Nicht verdunkeln, nicht fallen,
tausend Fehler, zehntausend Fehler.

• *das eine Auge:* das Satori-Auge, das Auge der Erleuchtung

Fall 3

GUTEI: Ein Finger

Das Beispiel:

Meister Gutei, wann immer ihm eine Frage gestellt wurde, hielt bloß einen Finger hoch.

Später hatte er einen Knaben (als Helfer, als Begleiter). Einst fragte den einer von außerhalb: »Was für ein Dharma lehrt der Meister?« Der Knabe hob auch nur einen Finger hoch.

Gutei hörte davon, ergriff alsbald ein Küchenmesser und schnitt ihm den Finger ab. Der Knabe lief, von Schmerz überwältigt, laut schreiend davon. Da rief Gutei ihn zu sich. Der Schüler wandte den Kopf um. Da richtete Gutei wiederum einen Finger auf. Urplötzlich kam der Knabe zur Erleuchtung.

Als Gutei sich anschickte, die Welt zu verlassen (zu sterben), da sprach er zu seinen Schülern und sagte: »Ich erhielt das Ein-Finger-Zen von Tenryū. Ein Leben lang habe ich es angewandt und nicht ausgeschöpft.« Sobald er zu Ende gesprochen hatte, verschied er.

Mumon spricht:

Guteis und des Knaben Satori, sie sind nicht auf einer Fingerspitze. Wenn du angesichts dessen begreifst, so sind Tenryū gleichwie Gutei wie auch der Knabe und du selbst, von einem Spieß durchbohrt, aufgereiht.

Der Lobspruch lautet:

Der alte Tenryū hält Gutei zum Narren.
(Jener) nahm ein Küchenmesser und versehrte den Knaben.
Korei hebt die Hand ohne Mühe,
und der tausend-, zehntausendfach geschichtete Berg Ka bricht entzwei.

Fall 4

WAKUAN: Barbar ohne Bart

Das Beispiel:

Wakuan sagte: »Wie kommt es, dass der Barbar aus dem Westen keinen Bart hat?«

Mumons Worte:

Zen-Übung muss unbedingt echte Zen-Übung sein.
Satori muss unbedingt echtes Satori sein.
Du musst den Barbaren einmal deutlich sehen,
dann wirst du zum ersten Mal begreifen.
Spricht man jedoch von »deutlich sehen«,
so fällt man schnellstens in Dualität.

Der Lobspruch lautet:

Vor einem Narren sprich nicht über deinen Traum.
»Der Barbar ohne Bart«
(heißt) der leuchtenden Klarheit Finsternis hinzufügen.

• *der Barbar aus dem Westen keinen Bart:* Gemeint ist Bodhidharma, von dem es heißt, er habe den Chan-/Zen-Buddhismus nach China gebracht.

Fall 5

KYŌGEN: Mann auf dem Baum

Das Beispiel:

Meister Kyōgen sagte: »Es ist wie mit einem Mann auf einem Baum: Mit dem Mund hängt er an einem Zweig, die Hände fassen keinen Ast, die Füße erreichen keinen.

Unter dem Baum steht ein Mann und fragt ihn nach dem Sinn des Kommens aus dem Westen. Wenn er nicht antwortet, so vernachlässigt er die Frage des anderen. Antwortet er aber, so verliert er Leib und Leben. Was sollte er antworten in solchem Augenblick?«

Mumons Worte:

Selbst wenn deine Beredsamkeit wie ein Strom dahinfließt, es nützt doch alles nichts. Auch wenn du die wichtigsten Lehren erklären könntest, so ist doch auch das nutzlos.

Wenn du recht zu antworten weißt, so kannst du die bisher Toten zum Leben erwecken und die bisher Lebendigen zu Tode bringen. Kannst du es aber nicht, so warte nur auf Maitreyas Kommen und frage ihn dann.

Der Lobspruch lautet:

Kyōgen treibt wirklich Unsinn.
Sein schlimmes Gift ist grenzenlos.
Er verstopft dem Mönch den Mund
und blickt umher mit dem ganzen Leib voll
Teufelsaugen.

Fall 6

Der Weltverehrte hält die Blume hoch

Das Beispiel:

Einst war der Weltverehrte auf dem Berge Grdhrakūta und hielt eine Blume hoch und zeigte sie den Versammelten.

Zu der Zeit schwiegen alle, nur der ehrwürdige Kashyapa brach in ein Lächeln aus.

Der Weltverehrte sprach:

»Ich habe das Augen-Schatzhaus des Wahren-Dharma, das wunderbare Nirvana-Bewusstsein, Wahre-Form der Nicht-Form, das subtile Tor des Dharma. Es steht nicht auf Worten und Buchstaben und ist eine besondere Übermittlung außerhalb der Lehren.

Ich betraue Mahakashyapa damit.«

Mumons Worte:

Gautama vom goldenem Angesicht ist anmaßend:

Er verkehrt das Edle ins Niedrige, verkauft Hundefleisch unter der Aufschrift »Schafskopf«. Mich dünkte, da sei etwas besonders Lobenswertes.

Wenn zu der Zeit aber alle Versammelten gelächelt hätten, wie wäre dann das Augen-Schatzhaus des Wahren-Dharma übermittelt worden? Oder wenn Kashyapa nicht gelächelt hätte, wie wiederum hätte das Augen-Schatzhaus des Wahren-Dharma übermittelt werden können? Wenn

• *der Weltverehrte:* Shakyamuni Buddha

man sagt, das Augenschatzhaus des Wahren-Dharma könne übermittelt werden, dann hat der goldgesichtige Alte das Landvolk (am Tor) beschwindelt.

Wenn man sagt, es könne nicht übermittelt werden, warum hat er es einzig Kashyapa vergönnt?

Der Lobspruch lautet:

Hält die Blume hoch,
der Schlangenschwanz kommt zum Vorschein.
Kashyapa bricht in ein Lächeln aus;
Menschen und Himmlische wissen nicht, was tun.

Fall 7

JŌSHŪ: Wasch die Essschalen ab

Das Beispiel:

Einst sagte ein Mönch zu Jōshū. »Ich bin gerade ins Kloster gekommen. Seid so gut, Meister, unterweist mich bitte.«

Jōshū sagte: »Hast du schon dein Frühstück gegessen?«

Der Mönch sagte: »Hab es gegessen.«

Jōshū sagte: »Dann wasch die Essschalen ab.«

Der Mönch kam zu einer Einsicht.

Mumons Worte:

Jōshū öffnet den Mund und zeigt seine Gallenblase, offenbart Herz und Leber. Wenn der Mönch beim Hören der Tatsachen nicht die Wahrheit erfasste, dann würde er eine Glocke für einen Topf halten.

Der Lobspruch lautet:

Gerade da alles so klar ist,
begreifen wir es so spät.
Wenn du gleich weißt, dass die Flamme Feuer ist,
(findest du,) der Reis ist schon längst gar.

Fall 8

KEICHŪ macht Karren

Das Beispiel:

Meister Gettan fragte einen Mönch:

»Keichū machte hundert Karren. Wenn wir nun beide Räder abnähmen und die Achse entfernten, was würde dann offenbar?«

Mumon sagt:

Wenn du das sofort begreifst, so ist dein Auge wie eine Sternschnuppe, dein geistiges Wirken wie das Einfangen eines Blitzes.

Der Lobspruch lautet:

Wo das Rad sich dreht,
täuscht sich sogar ein Meister.
In vier Richtungen, nach oben, nach unten,
Süd, Nord, Ost, West.

Fall 9

DAITSŪ CHISHŌ

Das Beispiel:

Einst fragte ein Mönch Meister Seijō von Kōyō: »Daitsū Chishō Buddha übte zehn Kalpas lang Zazen in der Zen-Halle. Aber Buddha-Dharma wurde nicht offenbar, und er erlangte nicht die Buddhaschaft. Wie kommt das?«

Seijō sagte: »Deine Frage ist ganz richtig.«

Der Mönch sagte wiederum: »Er übte Zazen in der Zen-Halle. Warum erlangte er nicht die Buddhaschaft?«

Seijō sagte: »Das liegt daran, dass er ein nicht-erlangender Buddha war.«

Mumon sagt:

Ich billige nur des Alten Barbaren Begreifen; des Alten Barbaren Verstehen billige ich nicht. Wenn ein gewöhnlicher Mensch begreift, so ist er ein Heiliger; wenn ein Heiliger versteht, so ist er ein gewöhnlicher Mensch.

Der Lobspruch lautet:

Besser als den Leib zu begreifen ist es,
das Bewusstsein (Herz, Geist) zu begreifen.
Wenn das Bewusstsein (Herz, Geist) erkannt ist,

- *Kalpas:* Äonen, also Zyklen des Werdens und Vergehens der Welt
- *Alter Barbar:* Bodhidharma

gibt es keine Sorge um den Leib.
Wenn aber beide, Leib und Bewusstsein, erkannt sind,
dann möchte solch göttlicher Eremit nicht zum Fürsten
ernannt werden.

Fall 10

SEIZEI: Einsam und arm

Das Beispiel:

Ein Mönch sagte einst fragend zu Meister Sōzan: »Seizei ist einsam und arm. Seid so gut, Meister, gebt mir bitte Hilfe zum Gedeihen.«

Sōzan sagte: »Acharya Zei!«

Seizei sagte: »Ja!«

Sōzan sagte: »Du hast schon drei Becher vom Wein aus Hakka in Seigen getrunken und sagst noch, du habest dir nicht die Lippen genetzt.«

Mumon sagt:

Seizei wirkt niedergeschlagen; was ist dabei der Weg seines Herzens?

Sōzan mit durchdringendem Blick durchschaut sein Bewusstsein.

Wie immer das auch sein mag, sag mir einmal, wo und wie hat Seizei denn den Wein getrunken?

Der Lobspruch lautet:

Von einer Armut wie der von Hantan,
von einem Geist wie dem von Kou.
Ist er gleich ohne Unterhalt, wagt er es doch,
sich mit dem anderen an Reichtum zu messen.

• *Acharya Zei:* Pali *ācāriya*; ehrerbietige Anredeformel für einen Gelehrten, Mönchsältesten oder Meister, hier etwa in der Bedeutung von: Verehrter Zei!

Fall 11

JŌSHŪ und die beiden Einsiedler

Das Beispiel:

Jōshū ging zu einem Einsiedler und fragte: »Ist da jemand? Ist da jemand?« Der Einsiedler hob die Faust. Jōshū sagte: »Das Wasser ist zu seicht zum Ankern für ein Schiff«, und ging weg.

Wiederum ging er zu einem Einsiedler und fragte: »Ist da jemand? Ist da jemand?« Der Einsiedler hob die Faust.

Jōshū sagte: »Frei gibst du, frei nimmst du; frei tötest du, frei gibst du Leben«, und er verneigte sich tief.

Mumon sagt:

Gleichermaßen hoben sie die Faust. Warum nimmt er den einen an und weist den anderen zurück? Sag einmal, worin liegt der Grund für die Verwirrung?

Wenn du in Bezug auf diesen Punkt ein Umkehrwort sagen kannst, dann siehst du, dass Jōshūs Zunge keinen Knochen hat, dass er in völliger Freiheit den einen erhebt, den anderen niederstößt. Doch obgleich das so ist, lässt sich doch nicht bestreiten, dass auch Jōshū von den beiden Einsiedlern durchschaut wurde. Wenn du sagst, dass es sich bei den beiden Einsiedlern um Überlegenheit und Unterlegenheit handle, hast du noch nicht das Auge des Zen (der Erleuchtung). Auch wenn du sagst, dass da keine Überlegenheit und Unterlegenheit sei, hast du ebenfalls nicht das Auge des Zen (der Erleuchtung).

Der Lobspruch lautet:

Sein Auge ist eine Sternschnuppe,
sein Wirken ein Blitz.
Ein Schwert, das Menschen tötet,
ein Schwert, das Menschen lebendig macht.

Fall 12

ZUIGAN ruft »Meister«

Das Beispiel:

Meister Zuigan rief sich jeden Tag selbst an: »Meister!«; und er antwortete auch sich selbst: »Ja!«

Und wiederum: »Hellwach! Hellwach!«, sagte er und antwortete: »Ja! Ja!«

»Lass dich nie von anderen täuschen.« – »Nein! Nein!«

Mumon sagt:

Der alte Zuigan kauft selbst und verkauft selbst. Er hat eine Menge Geister und Dämonen zum Spielen. Doch wie? Da sieh her! Einer ruft, einer antwortet. Einer, der hellwach ist. Einer, der sich von anderen nicht täuschen lässt.

Wenn du hierbei stecken bleibst, so ist es nicht DAS. Wenn du den anderen nachahmst, so ist dein Verstehen das eines Fuchses.

Der Lobspruch lautet:

Die auf dem Wege realisieren die Wahrheit nicht.
Sie begreifen nur das bisherige, gewöhnliche
Bewusstsein.
Das ist die Ursache für den endlosen Kreislauf von
Leben und Tod.
Doch Unwissende halten das für das Wahre-Selbst.

Fall 13

TOKUSAN: Die Essschalen in Händen

Das Beispiel:

Eines Tages ging Tokusan, die Essschalen in Händen, zum Speisesaal hinunter. Seppō fragte: »Alter Meister, die Glocke hat noch nicht geläutet, die Trommel ist noch nicht erklungen, wohin geht Ihr mit Euren Essschalen?« Daraufhin kehrte Tokusan sofort zu seinem Raum zurück. Seppō erzählte das Gantō. Gantō sagte: »Tokusan, groß wie er auch sein mag, hat noch nicht das letzte Wort begriffen.«

Als Tokusan das hörte, sandte er seinen Mönchsdiener, Gantō zu holen, und fragte jenen dann: »Bist du mit dem alten Mönch nicht einverstanden?« Gantō flüsterte ihm heimlich zu, was er meinte. Tokusan schwieg. Am nächsten Tag vom erhöhten Sitz aus waren Tokusans Worte, wie zu erwarten, anders als gewöhnlich. Gantō ging vor die Mönchshalle, rieb sich die Hände und sagte lachend: »Welche Freude! Der Alte Meister hat das letzte Wort begriffen. Von nun an wird kein Mensch unter dem Himmel ihn leichtnehmen können.«

Mumon sagt:

Was das letzte Wort betrifft, weder Gantō noch Tokusan haben es jemals auch nur im Traum gehört. Wenn du diesen Punkt genau prüfst: Sie sind gleich Puppen auf einem Bord.

Der Lobspruch lautet:

Wenn du das erste Wort begreifst,
wirst du auch das letzte Wort begreifen.
Das letzte Wort und das erste Wort,
das ist nicht ein Wort.

Fall 14

NANSEN: Tötet die Katze

Das Beispiel:

Einst stritten sich die Mönche der Osthalle und die der Westhalle wegen einer Katze.

Nansen sagte, indem er die Katze hochhielt: »Ihr alle, wenn ihr etwas sagen könnt, so verschone ich die Katze. Wenn ihr nichts sagen könnt, so schneide ich sie entzwei.«

Die Mönche antworteten nicht.

Daraufhin tötete Nansen schließlich die Katze.

Am Abend kam Jōshū von draußen zurück. Nansen berichtete ihm das Vorgefallene. Daraufhin zog Jōshū seine Strohsandalen aus, legte sie sich auf den Kopf und ging hinaus. Nansen sagte: »Wenn Ihr hier gewesen wärt, hätte ich die Katze verschonen können.«

Mumon sagte:

Sag einmal, was für einen Sinn hat Jōshūs Sich-die-Sandalen-auf-den-Kopf-Legen? Wenn du angesichts dessen ein Umkehrwort sagen kannst, so siehst du, dass Nansens Befehl nicht umsonst war. Wenn du es aber noch nicht kannst – Gefahr!

Der Lobspruch lautet:

Wenn Jōshū dort gewesen wäre,
hätte er umgekehrt befohlen.
Hätte er das Schwert an sich gerissen,
so hätte selbst Nansen um sein Leben gebeten.

Fall 15

TŌZAN: Sechzig Schläge

Das Beispiel:

Einst kam Tōzan zur Unterweisung zu Ummon.

Ummon fragte: »Woher kommst du?«

Tōzan sagte: »Von Sado.«

Ummon sagte: »Wo warst du während der Sommerzeit?«

Tōzan sagte: »Im Hozu(-Kloster) im Konan.«

Ummon sagte: »Wann bist du dort weggegangen?«

Tōzan sagte: »Am 25. August.«

Ummon sagte: »Ich erlasse dir sechzig Stockschläge.«

Am nächsten Tage ging Tōzan hinauf zu Ummon und fragte: »Gestern habe ich es mir zugezogen, dass der Meister mir sechzig Stockschläge erlassen hat. Ich weiß nicht, wo mein Fehler lag.«

Ummon sagte: »Du Reissack! Was läufst du da herum westlich des Flusses und südlich des Sees!?«

Bei diesen Worten erlebte Tōzan tiefe Erleuchtung.

Mumon sagt:

Wenn Ummon zu jener Zeit Tōzan das essentielle Futter gegeben und ihn zum wirkend-lebendigen Geist erweckt hätte, so wäre sein Familientor nicht so heruntergekommen. Im Meer von Ja und Nein rang Tōzan die Nacht hindurch. Sobald der Tag anbrach, ging er wieder zum Meister. (Ummon) half ihm zum Durchbruch.

Tōzan, obgleich er dabei alsbald zur Erleuchtung kam, ist

doch nicht »helle«. Lasst mich einmal euch alle fragen: Sollte Tōzan sechzig Stockschläge schmecken oder nicht? Wenn ihr sagt, er sollte sie schmecken, dann sollten alle Bäume, Gräser, Gebüsche und Haine sie schmecken. Wenn ihr sagt, er sollte sie nicht schmecken, dann spricht wiederum Ummon eine Lüge. Wenn ihr diesen Punkt klar erfasst, dann atmet ihr mit Tōzan durch einen Mund.

Der Lobspruch lautet:

Der Löwe hat eine verwirrende Art, seine Jungen zu erziehen:
Wenn sie voranschreiten, stößt er sie,
sie verhalten und wenden schnell den Körper.
Absichtslos bot er ihn wiederum Schach.
Der erste Pfeil streifte nur, der zweite ging tief.

Fall 16

Glockenklang und siebenteiliges Gewand

Das Beispiel:

Ummon sagte: »Die Welt ist also groß und weit. Wie kommt es, dass wir beim Klang der Glocke das siebenteilige Gewand anlegen?«

Mumon sagt:

Allgemein ist es höchst verabscheuenswürdig, bei der Übung und der Disziplinierung auf dem Zen-Weg Tönen zu folgen und Farben nachzulaufen. Selbst wenn du durch das Hören eines Tons zu Satori kommen solltest oder durch das Sehen von Farben dein Bewusstsein erleuchtet werden sollte, so ist das doch nur das Übliche.

Insbesondere weiß man nicht, dass es für einen Zen-Mönch, wenn er auf Tönen reitet und mit Farben zur Deckung kommt, alles Augenblick für Augenblick klar ist und dass Tätigkeit für Tätigkeit voller Wunder ist.

Doch wie dem auch sein mag, sag einmal: Kommt der Ton zum Ohr, oder geht das Ohr hin zum Ton? Selbst wenn du beides, Ton und Stille, vergessen hast, wie begreifst du das hier?

Wenn du mit dem Ohr hörst, kannst du es nicht begreifen. Wenn du mit dem Auge hörst, ist es dir zum ersten Mal vertraut.

Der Lobspruch lautet:

Erleuchtetem Begreifen sind alle Dinge von einer
Familie;
nicht erleuchtetem Begreifen sind es zehntausend
Getrenntheiten, tausend Unterschiede.
Nicht erleuchtetem Begreifen sind alle Dinge von einer
Familie;
erleuchtetem Begreifen sind es zehntausend
Getrenntheiten, tausend Unterschiede.

Fall 17

Der Landesmeister ruft dreimal

Das Beispiel:

Dreimal rief der Landesmeister (Nanyō) seinen Mönchsdiener, und dreimal antwortete jener.

Der Landesmeister sagte: »Bisher dachte ich, ich wendete dir den Rücken zu; doch es bist ja du, der mir den Rücken zuwendet.«

Mumon sagt:

Der Landesmeister ruft dreimal, und seine Zunge fiel zu Boden. Dreimal antwortete der Mönchsdiener; das Licht gedämpft, äußert er sie.

Der Landesmeister, alt an Jahren, das Herz einsam, hält den Kopf der Kuh nieder und lässt sie Gras fressen.

Der Mönchsdiener will nichts davon. Für einen gut genährten Menschen hat auch ein leckeres Mahl keine Anziehungskraft.

Sagt einmal: Wo steht er denn mit dem Rücken zu dem anderen? Wenn das Land in Wohlstand ist, schätzt man fähige Menschen. Kinder reicher Familien sind stolz.

Der Lobspruch lautet:

Das Eisenjoch ohne Loch, die Menschen müssen es
tragen.
Es ist keine Kleinigkeit, die Schwierigkeiten gehen auf
Kind und Kindeskinder über.

Wenn ihr das Tor aufrichten, das Haus unterstützen
wollt,
müsst ihr barfuß einen Berg von blanken
Schwertklingen ersteigen.

Fall 18

TŌZAN: Masagin (Drei Pfund Hanf)

Das Beispiel:

Einst fragte ein Mönch Meister Tōzan: »Was ist Buddha?«

Tōzan sagte: »Masagin!« (Drei Pfund Hanf)

Mumom sagt:

Der alte Tōzan übt sich ein wenig in Muschel-Zen, und indem er die beiden Schalen ein bisschen öffnet, entblößt er Leber und Gallenblase. Doch wie dem auch sein mag, sag einmal: Wo siehst du Tōzan?

Der Lobspruch lautet:

Herausgeschleudert: »Drei Pfund Hanf!«
Vertraut sind die Worte, vertrauter noch der Geist.
Wer daherkommt und Ja-Nein erklärt,
der ist ein Ja-Nein-Mensch.

Fall 19

NANSEN: Das gewöhnliche Bewusstsein ist der Weg

Das Beispiel:

Jōshū fragte Nansen: »Was ist der WEG?«

Nansen sagte: »Das gewöhnliche Bewusstsein ist der WEG.«

Jōshū sagte: »Soll ich mich dazu hinwenden oder nicht?«

Nansen sagte: »Wenn du versuchst, dich dazu hinzuwenden, wird er sich von dir abwenden.«

Jōshū sagte: »Wenn ich nicht versuche, ihn zu finden, wie kann ich den WEG wissen?«

Nansen sagte: »Der WEG gehört nicht zu Wissen oder Nicht-Wissen. Wissen ist Verblendung; Nicht-Wissen ist Nicht-Unterscheidung. Wenn du wirklich den Wahren-Weg jenseits allen Zweifels erreicht hast, so wirst du erfahren, dass er so weit und grenzenlos ist wie die Große-Leere. Wie denn könnte da recht und unrecht sein?«

Bei diesen Worten kam Jōshū zu einem plötzlichen Erleuchtungserlebnis.

Mumon sagt:

Nansen, von Jōshū befragt, zeigt sofort, dass der Ziegel sich auflöst, das Eis schmilzt und dass er keine Erklärung geben kann.

Obgleich Jōshū Erleuchtung fand, muss er sich doch noch dreißig Jahre lang darein vertiefen, um es zum ersten Mal (voll) zu begreifen.

Der Lobspruch lautet:

Im Frühling gibt es Hunderte von Blumen, im Herbst den Mond,
im Sommer kühlen Wind, im Winter Schnee.
Wenn müßige Dinge den Sinn nicht umwölken,
so ist das des Menschen gute Jahreszeit.

Fall 20

SHŌGEN: Mann von großer Kraft

Das Beispiel:

Meister Shōgen sagte: »Wie kommt es, dass der Mann von großer Kraft die Beine nicht aufhebt?«

Und wiederum sagte er: »Auch wenn wir den Mund öffnen, gibt es keine Zungenspitze.«

Mumons Worte:

Von Shōgen muss gesagt werden, dass er seine Eingeweide entleert, seinen Bauch nach außen kehrt. Doch da ist niemand, der es begreift. Sogar wenn jemand es sofort begreift und zu Mumon kommt, werd ich ihm bitter den Stock zu schmecken geben. Warum?

Niii! Wenn du reines Gold erkennen willst, sieh es inmitten des Feuers an.

Der Lobspruch lautet:

Ein Bein hebend, stoße ich das duftende Meer um;
den Kopf senkend, blick ich auf die vier Dhyāna-Himmel nieder.
Da ist kein Raum, diesen Leib als ganzen hinzutun.
Bitte, füge selbst eine Zeile hinzu.

• *den Kopf senkend … vier Dhyāna-Himmel:* mit gesenktem Haupt die vier Himmelswelten der Meditation betrachten, nämlich liebende Güte, Mitgefühl, Mitfreude, Gleichmut (Pali *mettā*, *karunā*, *muditā* und *upekkhā*)

Fall 21

UMMON: Scheißstock

Das Beispiel:

Einst fragte ein Mönch Ummon: »Was ist Buddha?«

Ummon sagte: »Aufgetrockneter Scheißstock!« (Kanshiketsu!)

Mumons Worte:

Von Ummon muss gesagt werden, dass (arm wie er war) es ihn hart ankommt, auch nur einfaches Essen zuzubereiten, und dass er zu beschäftigt ist, um zuerst ins Unreine zu schreiben.

Es mag geschehen, dass man den Scheißstock herbringt, um das Tor abzustützen, die Tür zu stützen.

Da kann man sehen, wie der Buddhismus herunterkommt.

Der Lobspruch lautet:

Aufflammen des Blitzes,
Funken von Feuerstein.
Blinzelst du mit dem Auge –
schon ist es vorüber.

• *Aufgetrockneter Scheißstock:* chin. *gān shǐ jué*, jap. Kanshiketsu; ein Holzspachtel zur Reinigung des Afters (oder der Toilette?)

Fall 22

KASHYAPA: Fahnenstange

Das Beispiel:

Ananda fragt einst Kashyapa: »Was hat der Weltverehrte außer dem goldbrokatenen Gewand noch übermittelt?«

Kashyapa rief ihn an: »Ananda!«

Ananda sagte: »Ja!?«

Kashyapa sagte: »Schlag die Fahnenstange vor dem Tor um.«

Mumon sagt:

Wenn du in Bezug auf dies ein passendes (treffendes) Umkehrwort geben kannst, wirst du sehen, dass die Versammlung auf dem Berge Grdhrakūta noch nicht aufgelöst ist. Wenn also nicht, dann weil Vipashyin Buddha seit ältesten Zeiten noch etwas im Bewusstsein hält und auch jetzt noch nicht Erleuchtung finden kann.

Der Lobspruch lautet:

Die Antwort soll noch dichter dran sein als die Frage.
Wie viele diskutieren das mit glänzenden Augen!
Der ältere Bruder ruft, der jüngere antwortet;
die Familienschande wird (ist) offenbar.
Das ist der Frühling, der nicht zu Yin und Yang gehört.

Fall 23

Denk weder »gut« noch »böse«

Das Beispiel:

Der Sechste Patriarch wurde einst von Mönch Myō bis zum Berge Taiyu Rei verfolgt. Als der Patriarch Myō kommen sah, legte er Gewand und Schale auf einen Felsen und sagte: »Dieses Gewand stellt den Glauben dar. Nicht sollte gewaltsam darum gestritten werden. Ich überlasse dir, es zu nehmen.«

Alsbald wollte Myō es aufheben, doch es war schwer wie ein Berg und rührte sich nicht. Erschreckt und bebend sagte Myō: »Ich kam, um das Dharma zu suchen, nicht um des Gewandes willen. Ich bitte Euch, offenbart es mir!«

Der Patriarch sagte: »Nicht ›gut‹ denkend, nicht ›böse‹ denkend, was ist in eben diesem Augenblick das Urantlitz von Mönch Myō?«

Hierbei kam Myō plötzlich zu tiefer Erleuchtung. Sein Körper war schweißbedeckt. Während ihm die Tränen nur so strömten und indem er sich niederwarf, sagte er: »Außer diesen soeben gesagten geheimen Worten, außer diesem geheimen Sinn, gibt es da noch etwas Bedeutsames, oder nicht?«

Der Patriarch sagte: »Was ich dir grad gesagt habe, ist durchaus nicht geheim. Wenn du dein Wahres-Wesen erlebst, so ist das Geheime dir nah.« Myō sagte: »Obgleich ich

• *Sechster Patriarch:* Gemeint ist der 6. Linienhalter Hui-neng, jap. Daikan Enō (7. Jahrhundert).

mit den anderen Mönchen bei Ōbai war, bin ich meines Urangesichts doch nicht innegeworden. Jetzt, dank Eurer Unterweisung, weiß ich: Es ist wie bei einem Menschen, der Wasser trinkt und selbst weiß, ob es kalt oder warm ist. Jetzt ist der Laienbruder mein Meister.«

Der Patriarch sagte: »Wenn es also mit dir steht, lass uns beide Ōbai zum Meister haben. Bewahre gut, was du erlebt hast.«

Mumon sagt:

Vom Sechsten Patriarchen muss gesagt werden, dass sein Wirken der Dringlichkeit entsprang. Freundlich wie eine Großmutter. Es ist, als schälte er eine frische Litschi, entfernte die Kerne und steckte sie dir in den Mund, so dass du sie nur noch zu verschlucken brauchst.

Der Lobspruch lautet:

Es lässt sich nicht beschreiben.
Es lässt sich nicht malen.
Es kann nicht genug gepriesen werden.
Lass ab, dich zu mühen.
Das Urantlitz kann sich nirgends verbergen.
Selbst wenn das Weltall birst, zerbricht ES nicht.

Fall 24

FUKETSU: Getrennt von Worten und Schweigen

Das Beispiel:

Einst fragte ein Mönch Meister Fuketsu in allem Respekt: »Worte und Schweigen betreffen beide ›ri-mi‹. Wie können wir sie transzendieren?«

Fuketsu sagte: »Ich denke immer an Kōnan im März; die Rebhühner rufen, wo Hunderte von duftenden Blumen blühen.«

Mumon sagt:

Fuketsus geistiges Wirken ist wie der Blitz. Sobald er den Weg gefunden hat, geht er ihn auch. Wie kommt es aber, dass er sich auf die Zungenspitze eines Früheren setzt, sich nicht davon löst?

Wenn du angesichts dessen unmittelbar zur Einsicht kommst, wird sich von selbst der Weg da heraus finden.

Löse dich einmal von allem Reden und komm mit einem Wort daher.

◆ *›ri-mi‹:* chin. *lí-wēi*; *lí* = restloses Verlöschen, die Welt der Sinne hinter sich lassen; *wēi* = klein, unbedeutend (die Welt, wie wir sie durch unsere Sinne erfahren). Die Stelle bedeutet also etwa: Unsere Worte und unser Schweigen beziehen sich auf diese kleine, sinnliche Erfahrungswelt sowie den Weg, sie (ins Große und Vollkommene hin) zu verlassen.

◆ *Wie können wir sie transzendieren?:* Wie kommen wir da durch, ohne etwas zu verletzen?

Der Lobspruch lautet:

Fuketsus Worte kommen nicht wie gewöhnlich hervor.
Ehe er noch spricht, ist ES offenbar.
Wenn du fortfährst zu schwatzen,
so solltest du Nichtswisser dich schämen.

Fall 25

KYŌZAN: Worte vom dritten Sitz

Das Beispiel:

Im Traum ging Meister Kyōzan zu Maitreya und wurde zum dritten Sitz geführt. Dort war ein Mönchsältester, der schlug mit dem Klöppel auf das Pult und sagte: »Heute soll der vom dritten Sitz sprechen.«

Kyōzan stand auf und sagte, indem er mit dem Klöppel auf das Pult schlug: »Das Dharma des Mahayana ist jenseits der Vier Sätze und transzendiert die Hundert Verneinungen. Hört, hört!«

◆ *Vier Sätze ... Hundert Verneinungen:* chin. *sì jù jué bǎi fēi*, ein feststehender Ausdruck, der sich auf die Negationslogik des indischen Philosophen Nagarjuna (vermutlich 2. Jahrhundert) bezieht. Nagarjuna versuchte die Wirklichkeit als reine sprachliche Schöpfung zu beschreiben. In seinem sogenannten Urteilsvierkant (Catuskoti) heißt es: 1. Alle wirklichen Dinge (*dharmas*) existieren (Bestätigung ihrer Existenz, Verneinung ihrer Nicht-Existenz). 2. Alle wirklichen Dinge existieren nicht (Bestätigung ihrer Nicht-Existenz, Verneinung ihrer Existenz). 3. Alle wirklichen Dinge existieren und nicht-existieren gleichzeitig (gleichzeitige Bestätigung und Negation). 4. Alle wirklichen Dinge existieren weder noch existieren sie nicht (weder Bestätigung noch Negation). – Die »Hundert Verneinungen« ergeben sich als zahlenmystische Spielerei aus diesen »Vier Sätzen«: die Vier Sätze × 4 = 16 × 3 (Vergangenheit, Gegenwart, Zukunft) × 2 + 4 = 100. »Hundert« meint aber hier vielleicht einfach nur »sehr viele«.

Mumons Worte:

Sag einmal, ist das Predigen oder nicht?

Wenn du den Mund aufmachst, verfehlst du es; wenn du den Mund hältst, verdirbst du es ebenfalls.

Auch wenn du den Mund weder öffnest noch schließt, bist du doch 108 000 Meilen davon entfernt.

Der Lobspruch lautet:

Lichter Tag, blauer Himmel.
Im Traum spricht er vom Traum.
Verdächtig, verdächtig!
Die ganze Versammlung täuscht er.

Fall 26

Zwei Mönche rollen den Bambusvorhang auf

Das Beispiel:

Vor dem Mittagsmahl kam einst ein Mönch zur Unterweisung zu dem großen Hōgen von Seiryō. Hōgen wies mit der Hand auf die Bambusrollos. Zu der Zeit waren da zwei Mönche, die gingen hin und rollten die Rollos in gleicher Weise auf. Hōgen sagte: »Der eine hat gewonnen, der andere hat verloren.«

Mumom sagte:

Sagt einmal: Welcher hat gewonnen, welcher verloren? Wenn du hinsichtlich dessen das eine Auge geöffnet hast, wirst du wissen, wo der Landesmeister versagt hat. Doch wie dem auch sein mag, wir verabscheuen, über »gewinnen« und »verlieren« Überlegungen anzustellen.

Der Lobspruch lautet:

Wenn aufgerollt ist, erstreckt sich die Große-Leere hell und klar weithin.
(Doch) die Große-Leere ist noch nicht in Übereinstimmung mit unserer Schule.
Es ist weit besser, die Große-Leere und alles völlig zu vergessen.
Dicht-eng, intim-vertraut, den Wind nicht hindurchstreichen lassen.

• *das eine Auge:* das Satori-Auge (der Erleuchtung)

Fall 27

Nicht Geist, nicht Buddha

Das Beispiel:

Einst fragte ein Mönch Meister Nansen: »Gibt es ein Dharma, das den Menschen nicht dargelegt worden ist?«

Nansen sagte: »Gibt es.«

Der Mönch sagte: »Was ist dieses Dharma, das den Menschen nicht dargelegt worden ist?«

Nansen sagte: »ES ist nicht Geist; ES ist nicht Buddha; ES ist nicht Dinge.«

Mumon sagt:

Nansen, da ihm eine Frage gestellt wurde, erschöpft sofort all seine Habe, wird schwach und zu nichts.

Der Lobspruch lautet:

Zu vieles Sprechen setzt die Tugend herab.
Keine Worte haben wahrlich eine Wirkung.
Auch wenn das große Meer verwandelt würde,
kann ES dir doch nie mitgeteilt werden.

Fall 28

RYŪTAN: Lang nachhallend

Das Beispiel:

Einst bat Tokusan Ryūtan bis spät in die Nacht um Unterweisung. Ryūtan sagte: »Es ist tiefe Nacht. Willst du dich nicht zurückziehen?« Tokusan empfahl sich, hob den Türbehang und ging hinaus. Als er die Dunkelheit draußen gewahrte, wandte er sich um und sagte: »Finster draußen.« Ryūtan zündete daraufhin eine Laterne an und reichte sie ihm. Tokusan war im Begriff, sie zu nehmen, da blies Ryūtan sie aus. Da kam Tokusan urplötzlich zu einem Durchblick.

Er warf sich nieder. Ryūtan sagte: »Was für eine Wahrheit hast du geschaut?« Tokusan sagte: »Von jetzt an wird dieser hier (ich) nicht mehr Zweifel an den Worten des alten Meisters, der überall unter dem Himmel berühmt ist, hegen.«

Am nächsten Tag stieg Ryūtan auf den hohen Sitz und sagte:

»Unter euch hier ist ein Kerl mit Fangzähnen gleich dem Schwertbaum und mit einem Mund gleich einer Schale voll Blut. Versetzt man ihm einen Schlag, so wendet er nicht den Kopf. Eines Tages wird er sich auf einem einsamen Gipfel niederlassen und unseren Weg begründen.«

Tokusan nahm daraufhin seine Kommentare, ging vor die Lehrhalle, hob eine Fackel hoch und sagte: »Auch wenn wir die tiefgründigen Doktrinen gemeistert haben, ist es doch nur, als legte man ein Haar in den weiten Raum. Auch wenn wir das wichtigste Wissen der Welt erschöpft haben, ist es doch nur, als ließe man einen Tropfen in den großen Abgrund fallen.«

Er nahm seine Kommentare auf und verbrannte sie. Darauf verneigte er sich und ging weg.

Mumon sagt:

Als Tokusan noch nicht aus den Schranken herausgekommen war, war sein Geist zornig-empört, und sein Mund brachte nichts heraus. Er beschloss, nach Süden zu gehen und die »besondere Übermittlung außerhalb der Schriften« auszulöschen.

Als er auf den Weg nach Reishū kam, fragte er eine alte Frau, ob er ein »tenjin« von ihr kaufen könne. Die alte Frau fragte: »Großer Tugendhafter, was für Schriften führt Ihr da im Karren mit Euch?« Tokusan sagte: »Kommentare zum Diamant-Sutra.«

Die alte Frau sagte: »In dem Sutra heißt es etwa, dass der vergangene Herz-Geist nicht greifbar ist, dass der gegenwärtige Herz-Geist nicht greifbar ist, dass der zukünftige

◆ *»besondere Übermittlung außerhalb der Schriften«:* die Übermittlung von Herz-Geist zu Herz-Geist, also von Meister zu Schüler jenseits der heiligen Schriften, jenseits von Worten und Konzepten. Die Dharma-Linie soll darauf basieren. Tokusan ist tief getroffen, dass er trotz seiner umfangreichen Kenntnisse vom Meister zurückgewiesen wird, und geht davon, um der »besonderen Übermittlung« ein Ende zu bereiten. Aber es kommt anders, denn er begegnet einer alten Frau, die ziemlich ›auf Zack‹ ist.

◆ *»tenjin«:* chin. *diǎn xīn*; ein Ausdruck mit doppelter Bedeutung: 1. Imbiss, kleine Mahlzeit, Erfrischung, 2. auf das Herz oder den Geist deuten

Herz-Geist nicht greifbar ist. Welcher Herz-Geist braucht denn den ›tenjin‹ (Herz-Geist-Hinweiser)?«

Als Tokusan diese Frage gestellt wurde, war ihm der Mund verschlossen. Doch wie dem auch war, bei den Worten der alten Frau war er noch nicht den Tod gestorben. Schließlich fragte er die alte Frau: »Gibt es hier in der Nähe einen Zen-Meister?« Die alte Frau sagte: »Fünf Ri entfernt lebt Meister Ryūtan.«

Als er zu Ryūtan kam, war er völlig geschlagen. Man muss sagen, dass seine früheren Worte nicht mit seinen späteren übereinstimmen. Ryūtan erbarmt sich übermäßig des Kindes Tokusan und scheint seine eigene Hässlichkeit zu vergessen. Sehend, dass jener ein kleines Stück lebendiger Holzkohle hat, schüttet er ihm Schlammwasser über den Kopf, es (ihn) auszulöschen. Betrachtet man das Ganze kühl, so ist alles nur eine Farce.

Der Lobspruch lautet:

Besser, als den Namen zu hören, ist es, das Gesicht zu sehen.
Besser, als das Gesicht zu sehen, ist es, den Namen zu hören.
Obgleich er seine Nase retten konnte,
verlor er doch, ach, die Augen.

• *Ri:* japanische Übersetzung für das chinesische Längenmaß Lǐ (500 Meter; fünf Lǐ entsprechen also 2,5 Kilometern)

Fall 29

Nicht Wind, nicht Fahne

Das Beispiel:

Der Wind bewegte eine Klosterfahne. Da waren zwei Mönche, die stritten darüber. Der eine sagte: »Die Fahne bewegt sich«; der andere sagte: »Der Wind bewegt sich«. Sie stritten hin und her und kamen zu keiner Einigung.

Der Sechste Patriarch sagte: »Es ist nicht der Wind, der sich bewegt; es ist nicht die Fahne, die sich bewegt; es ist euer Herz-Geist, der sich bewegt.«

Die beiden Mönche waren betroffen vor Ehrfurcht.

Mumon sagt:

Der Wind bewegt sich nicht; die Fahne bewegt sich nicht; der Herz-Geist bewegt sich nicht. Wo siehst du den Patriarchen?

Wenn du hier deutlich sehen kannst, wirst du erkennen, dass die beiden Mönche, die Eisen kaufen wollten, Gold bekamen und dass der Patriarch sein geduldiges Erbarmen nicht zurückhielt und eine ungeschickte Szene machte.

Der Lobspruch lautet:

Der Wind bewegt sich, die Fahne bewegt sich, der
Herz-Geist bewegt sich.
Allen der gleiche Tadel.
Sie wissen nur, den Mund zu öffnen,
doch begreifen sie nicht, dass sie Worten verfallen sind.

Fall 30

Herz-Geist als solcher, Buddha als solcher

Das Beispiel:

Daibai fragte Baso: »Was ist Buddha?«

Baso sagte: »Herz-Geist als solcher, Buddha als solcher.«

Mumon sagt:

Wenn du sofort begreifst, trägst du Buddha-Kleidung, isst du Buddha-Nahrung, sprichst du Buddha-Worte, gehst du Buddha-Wege, das heißt: Du bist Buddha selbst.

Doch wenn das auch sein mag, so verleitet Daibai doch eine Anzahl Menschen dazu, irrtümlich den Stern an der Waage für das Gewicht zu halten. Wie kann einer wissen, dass wir uns nach der bloßen Erwähnung des Wortes »Buddha« drei Tage lang den Mund ausspülen sollten? Wenn einer ein wirklicher Kerl ist, wird er sich die Ohren verstopfen, wenn er hört »Herz-Geist als solcher, Buddha als solcher«, und davonlaufen.

Der Lobspruch lautet:

Blauer Himmel, lichter Tag,
Herumschaun nach etwas ist höchst verächtlich.
Wenn du noch fragst »Was ist DAS (Buddha)?«
Ist es, als hieltest du das Diebesgut fest und sagtest, du seist unschuldig.

Fall 31

JŌSHŪ durchschaut die alte Frau

Das Beispiel:

Einst fragte ein Mönch eine alte Frau: »Wo geht der Weg zum Taizan?« Die alte Frau sagte: »Geh geradeaus.«

Als der Mönch ein paar Schritte gegangen war, sagte sie: »Sieht aus wie ein guter ehrenwerter Mönch; doch auch er geht diesen Weg.«

Später erzählte der Mönch Jōshū davon.

Jōshū sagte: »Wart ein wenig. Ich werde hingehen und die alte Frau für dich durchschaun.«

Am nächsten Tag ging er hin und stellte die gleiche Frage, und die alte Frau gab ihm die gleiche Antwort.

Bei seiner Rückkehr sagte Jōshū: »Ich habe die alte Frau für euch durchschaut.«

Mumon sagte:

Die alte Frau sitzt einfach in ihrem Zelt und weiß, den Kriegsplan zu machen, doch sie weiß nicht, den Dieb zu fangen.

Der alte Jōshū war geschickt genug, sich ins Lager zu stehlen und die Festung zu bedrohen. Doch er macht nicht die Figur eines großen Mannes. Wenn wir darüber nachsinnen, kommen wir dazu: Beide hatten ihre Fehler.

Sag einmal, was sah Jōshū beim Durchschaun der alten Frau?

Der Lobspruch lautet:

Die Frage ist die gleiche,
die Antwort ist auch die gleiche.
Sand im Reis, Dornen im Schlamm.

Fall 32

Ein Außenseiter fragt den Buddha

Das Beispiel:

Einst fragte ein Außenseiter den Weltverehrten: »Ich frage nicht nach Worten; ich frage nicht nach Nicht-Worten.«

Der Weltverehrte saß einfach da.

Der Außenseiter pries ihn und sagte: »Der Weltverehrte hat durch seine große Güte und durch seine große Barmherzigkeit die Wolken meiner Verblendung zerteilt und mir den Eingang geöffnet.«

Daraufhin warf er sich nieder und ging weg.

Ananda fragte den Buddha: »Was hat der Außenseiter begriffen, dass er Euch so pries?«

Der Weltverehrte sagte: »Gleich wie ein gutes Pferd läuft, wenn es den Schatten der Peitsche erblickt.«

Mumons Worte:

Ananda ist Schüler des Buddha. Doch seine Einsicht ist geringer als die des Außenseiters. Sag einmal, wie weit voneinander entfernt sind der Schüler des Buddha und der Außenseiter?

◆ *der Weltverehrte:* Shakyamuni Buddha

Der Lobspruch lautet:

Wandelnd auf Schwertschneiden,
laufend über Eisgrate;
ohne über Stufen zu gehen,
mit offenen Händen am jähen Abgrund.

Fall 33

Nicht Herz-Geist, nicht Buddha

Das Beispiel:

Ein Mönch fragte Baso in allem Respekt: »Was ist Buddha?«
Baso sagte: »Nicht Herz-Geist, nicht Buddha.«

Mumons Worte:

Wenn du hierbei sehen kannst, ist deine Zen-Schulung beendet.

Der Lobspruch lautet:

Triffst du unterwegs einen Schwertmeister, gib ihm ein Schwert.
Wenn du keinen Dichter triffst, biete keine Dichtung an.
Triffst du Menschen, so sag ihnen nur drei Viertel;
sag ihnen keinesfalls den einen Teil.

Fall 34

NANSEN: Wissen ist nicht der Weg

Das Beispiel:

Nansen sagte: »Das Bewusstsein ist nicht Buddha; Wissen ist nicht der Weg.«

Mumon sagt:

Von Nansen muss gesagt werden, nun, da er alt ist, kennt er keine Scham. Indem er ein wenig seinen stinkenden Mund öffnet, gibt er die Familienschande preis. Doch wie dem auch sein mag, nur sehr wenige sind dankbar dafür.

Der Lobspruch lautet:

Wenn sich der Himmel aufklärt, kommt die Sonne hervor.
Wenn Regen fällt, wird die Erde nass.
Er hat von Herzen alles erklärt,
doch ich fürchte, niemand wird das glauben.

Fall 35

Seijo von ihrer Seele getrennt

Das Beispiel:

Goso fragte einen Mönch: »Seijo war von ihrer Seele getrennt; welches ist die wahre (Seijo)?«

Mumons Worte:

Wenn du die Wahre erleuchtet erkennst, so wirst du wissen, dass aus einer Hülse herauskommen oder in eine Hülse eingehen grad so ist wie in einem Gasthof zu herbergen.

Wenn du das noch nicht realisiert hast, lauf nicht verwirrt herum. Wenn plötzlich Erde, Wasser, Feuer, Luft auseinanderfallen, bist du wie eine Krabbe, die in kochendes Wasser gefallen ist und mit ihren sieben Armen und acht Beinen strampelt. Zu der Zeit sag nicht, ich hätte dich nicht gewarnt.

Der Lobspruch lautet:

Wolken und Mond sind gleich;
Täler und Berge sind verschieden voneinander.
Zehntausend Glückseligkeiten! Zehntausend
Glückseligkeiten!
Ist es eins? Ist es zwei?

Fall 36

Unterwegs einem Meister des WEGES begegnen

Das Beispiel:

Goso sagte: »Triffst du unterwegs einen Menschen, der den WEG vollendet hat, so grüße ihn weder mit Worten noch mit Schweigen. Sag einmal: Auf welche Weise grüßt du ihn?«

Mumon sagte:

Wenn du darauf genau passend antworten kannst, so steht großer Freude nichts im Wege.

Kannst du es aber noch nicht, so musst du dein Augenmerk darauf richten, wo immer du bist.

Der Lobspruch lautet:

»Triffst du unterwegs einen Menschen, der den WEG vollendet hat,
so grüße ihn weder mit Worten noch mit Schweigen.«
Ich versetze dem Gesicht einen Kinnhaken;
willst du das sofort begreifen, so begreife doch!

Fall 37

JŌSHŪ: Eiche im Vorgarten

Das Beispiel:

Einst fragte ein Mönch Jōshū mit allem Respekt: »Was ist der Sinn von des Patriarchen Kommen aus dem Westen?«

Jōshū sagte: »Die Eiche da im Vorgarten.«

Mumons Worte:

Wenn du Jōshūs Antwort genau erfassen kannst, gibt es keinen Shakyamuni vorher, keinen Maitreya nachher.

Der Lobspruch lautet:

Worte drücken nicht die Tatsache aus;
Reden treffen nicht das (geistige) Triebwerk.
Wer an Worten haftet, ist verloren;
wer an Texten stagniert, ist verblendet.

Fall 38

Ein Büffel geht durchs Gitterfenster

Das Beispiel:

Goso sagte: »Zum Beispiel ist es wie ein Wasserbüffel, der durch ein Gitterfenster geht: Der Kopf, die Hörner, die vier Füße sind alle hindurchgegangen. Wie kommt es, dass der Schwanz nicht hindurchgehen kann?«

Mumon sagt:

Wenn du es im Hinblick hierauf vermagst, dich umzustülpen, das eine Auge zu erlangen und ein Umkehrwort zu geben, dann bist du fähig, die Vier Verpflichtungen oberhalb zu erfüllen und den Drei Existenzen unterhalb zu helfen.

Kannst du das aber noch nicht, so sinne abermals über den Schwanz nach; dann kannst du es zum ersten Mal erfassen.

Der Lobspruch lautet:

Wenn er hindurchgeht, fällt er in den Graben.
Wenn er sich zurückwendet, wird er vernichtet.
Dieser winzig-kleine Schwanz – – –
was für ein höchst wundersames Ding das ist.

- *das eine Auge:* das Satori-Auge, das Auge der Erleuchtung
- *Vier Verpflichtungen:* gegenüber den Eltern, dem Land (oder Herrscher), allen Lebewesen, sowie den Drei Schätzen (Buddha, Dharma, Sangha)
- *Drei Existenzen:* die des Begehrens, der Farbe und Form, der Nicht-Farbe und Nicht-Form

Fall 39

UMMON: Verfehlte Worte

Das Beispiel:

Einst fragte ein Mönch Ummon: »Das strahlende Licht bescheint heiter alle Phänomene, Gewässer, Sandkörner …«

Er hatte noch nicht die erste Zeile beendet, da sagte Ummon plötzlich: »Sind das nicht die Worte von Chōsetsu Shūsai?«

Der Mönch sagte: »Sind es.« Ummon sagte: »Du hast die Worte verfehlt.«

Später griff Shishin das auf und sagte: »Sag einmal, wie ist es, wo hat der Mönch die Worte verfehlt?«

Mumons Worte:

Wenn du in dieser Angelegenheit begreifen kannst, wie steil und unnahbar Ummons Wirken ist und wieso der Mönch die Worte verfehlt hat, dann kannst du ein Lehrer von Menschen und Himmlischen sein. Aber wenn du dir darüber noch nicht im Klaren bist, hast du dich nicht einmal selbst gerettet.

Der Lobspruch lautet:

In die rasche Strömung wirft er die Angel.
Wer den Köder heftig begehrt, wird gefangen.
Öffnest du den Mund auch nur ein wenig,
verlierst du das Leben.

Fall 40

Umstürzen des Kruges

Das Beispiel:

Meister Isan, zuerst als er unter Hyakujō geschult wurde, wirkte als Tenzo. Hyakujō wollte einen Meister für das Daii-Kloster auswählen. Er eröffnete das dem Mönchsältesten und allen Mönchen, und sie sollten sprechen; der rechte sollte gehen.

Daraufhin hielt Hyakujō einen Krug hoch, stellte ihn auf den Boden und sagte fragend: »Dies sollt ihr nicht ›Krug‹ nennen. Wie also nennt ihr es?«

Daraufhin sagte der Mönchsälteste: »Man kann es nicht Holz-Sandale nennen.« Nun fragte Hyakujō Isan. Isan stieß alsbald den Krug um und ging weg.

Hyakujō sagte lachend: »Der erste Mönch hat gegen Isan verloren.« Und er ordnete an, dass Isan das neue Kloster gründen solle.

Mumons Worte:

Isan, von geballtem Mut, konnte doch nicht aus Hyakujōs Falle springen. Wenn man es genau untersucht, so folgte er dem Schweren, folgte nicht dem Leichten. Wieso das? Nii! (Sieh her!) Indem er das Kopfband abnahm, legte er das Eisenjoch an.

◆ *Tenzo:* Koch des Klosters

Der Lobspruch lautet:

Bambuskörbe und Holzlöffel wegschleudernd
schneidet er mit einem direkten Streich alle
Verwicklungen ab.
Hyakujōs starke Schranke kann ihn nicht aufhalten.
Von seiner Fußspitze kommen zahllose Buddhas hervor.

Fall 41

BODHIDHARMA: Frieden des Herz-Geistes

Das Beispiel:

Bodhidharma saß der Wand zugekehrt. Der Zweite Patriarch, der im Schnee gestanden hatte, schnitt sich den Arm ab und sagte: »Der Herz-Geist Eures Schülers findet noch keinen Frieden. Ich bitte Euch, Meister, gebt ihm, bitte, Frieden.«

Bodhidharma sagte: »Bring mir deinen Herz-Geist her, und ich werde ihm Frieden geben.«

Der Zweite Patriarch sagte: »Ich habe nach dem Herz-Geist gesucht, doch er ist schließlich unauffindbar.«

Bodhidharma sagte: »Dann habe ich ihn gründlich zum Frieden gebracht.«

Mumons Worte:

Der zahnluckerte alte Barbar kam mannhaften Geistes über das Meer geschifft – hunderttausend Meilen. Man muss sagen, dass er Wogen aufgewühlt hat, wo kein Wind war. Später konnte er einen Nachfolger gewinnen, doch selbst der kann seine sechs Sinne nicht gebrauchen. Ii! Ein Tor, der nicht mal vier Schriftzeichen kennt.

◆ *Zweiter Patriarch:* Dazu Huike, jap. Taiso Eka (5./6. Jahrhundert)
◆ *Der zahnluckerte alte Barbar:* der zahnlückige Bodhidharma, der im 5. Jahrhundert aus Indien nach China gekommen sein soll; er gilt als erster Patriarch des Chan/Zen

Der Lobspruch lautet:

Von Westen kommend und direkt hinweisend –
die ganzen Unannehmlichkeiten kommen nur dadurch.
Derjenige, der in den Klöstern Unruhe stiftet,
das bist im Grunde du!

Fall 42

Eine Frau aus dem Samadhi erwecken

Das Beispiel:

In alter Zeit, zur Zeit des Weltverehrten, kam einst Manjushri zum Versammlungsort aller Buddhas, als alle Buddhas, ein jeglicher, im Begriff waren, an ihren ursprünglichen Ort zurückzukehren. Nur eine Frau war noch da, nahe dem Buddha-Sitz in tiefer Versunkenheit.

Da hob Manjushri an und sagte zum Buddha: »Wie kann die Frau nahe dem Buddha-Sitz sein, während ich es nicht kann?«

Der Buddha sprach zu Manjushri: »Erwecke du nur die Frau aus dem Samadhi und frage sie selbst.«

Manjushri ging dreimal um die Frau herum, schnalzte einmal mit den Fingern, nahm sie zum Brahmanenhimmel hinauf und übte an ihr all seine übernatürlichen Kräfte, doch er konnte sie nicht (aus dem Samadhi) herausholen.

Der Weltverehrte sprach: »Selbst hundert oder tausend Manjushris könnten die Frau nicht aus dem Samadhi herausholen. Tief unten, jenseits von einer Milliarde zweihundert Millionen Ländern, zahllos wie die Sandkörner des Ganges, ist der Bodhisattva Mōmyō. Er wird die Frau aus der Versunkenheit herausholen können.«

Augenblicklich erschien der Bodhisattva Mōmyō aus der Erde und warf sich vor dem Weltverehrten nieder. Der Weltverehrte gab ihm den Befehl. (Mōmyō) ging zu der

• *Manjushri:* Personifikation der Weisheit; ein Bodhisattva des Mahayana-Buddhismus

Frau und schnalzte einmal mit den Fingern; daraufhin kam die Frau aus dem Samadhi heraus.

Mumons Worte:

Der alte Shakya bringt da sein Allerweltsstück (Dorf-Drama) auf die Bühne. Die kleinen Schwachen dringen da nicht ein. Sag einmal: Manjushri ist der Lehrer von sieben Buddhas; wie kommt es, dass er die Frau nicht aus dem Samadhi herausholen kann? Mōmyō ist ein Bodhisattva im Anfangsstadium; wieso kann er sie herausholen?

Wenn du dies hier gründlich erfassen kannst, dann wird dir selbst das geschäftige Karma-Bewusstsein nichts als großes Samadhi sein.

Der Lobspruch lautet:

Der eine kann sie aufwecken, der andere nicht.
Beide haben ihre Freiheit.
Ein Götterhaupt wie auch eine Teufelsmaske.
Die Niederlage ist wirklich wunderbar!

Fall 43

SHUZAN: Stab

Das Beispiel:

Meister Shuzan hielt seinen Stab hoch und sagte, indem er ihn den Schülern zeigte: »Ihr Mönche, wenn ihr das einen Stab nennt, so ist das Anhaften; wenn ihr es nicht einen Stab nennt, so ist das Sich-Widersetzen. Ihr Mönche, sagt einmal, wie nennt ihr es?«

Mumons Worte:

Wenn ihr das einen Stab nennt, haftet ihr an. Wenn ihr das nicht einen Stab nennt, widersetzt ihr euch. Ihr sollt nicht Worte benutzen, ihr sollt nicht Nicht-Worte benutzen. Sprecht sofort!

Der Lobspruch lautet:

Den Stab hochhalten,
Befehl, der Tod und Leben gibt.
Wenn Anhaften und Widersetzen sich vermischen,
bitten selbst Buddhas und Patriarchen um ihr Leben.

Fall 44

BASHŌ: Stock

Das Beispiel:

Meister Bashō sagte bei der Unterweisung zu den Mönchen: »Wenn ihr einen Stock habt, so gebe ich euch einen. Wenn ihr keinen Stock habt, so nehme ich ihn euch weg.«

Mumons Worte:

Von ihm gestützt, überqueren wir das Wasser bei zerbrochener Brücke. Von ihm begleitet, kehren wir bei Mondlosigkeit zum Dorf zurück. Wenn du es einen Stock nennst, wirst du pfeilschnell zur Hölle fahren.

Der Lobspruch lautet:

Tiefes und Seichtes allenthalben
ist alles in seinem Griff.
Er hält den Himmel aufrecht und stützt die Erde
und fächelt den Hauch des Zen überall hin.

• *Bashō:* ein koreanischer Mönch (chin. Ba Jiao), der im 9. Jahrhundert zur Zen-Schulung nach China ging, nicht zu verwechseln mit Matsuo Bashō, dem japanischen Haiku-Dichter

Fall 45

Wer ist der ANDERE?

Das Beispiel:

Der Patriarch, Meister En von Tōzan, sprach: »Shakyamuni und Maitreya, sie sind die Diener des ANDEREN. Wer ist der ANDERE?«

Mumon sagt:

Wenn du den ANDEREN erkennst und klar begreifst, ist es grad so, als träfest du deinen Vater an der Wegkreuzung. Du brauchst auch niemanden zu fragen, ob er es ist oder nicht.

Der Lobspruch lautet:

Spann nicht den Bogen eines anderen;
reite nicht eines anderen Pferd.
Unterscheide nicht eines anderen Fehler;
wisse nicht um die Angelegenheiten eines anderen.

Fall 46

Ein Schritt vom Pfosten

Das Beispiel:

Meister Sekisō sprach: »Von der Spitze eines hundert Fuß hohen Pfostens, wie gehst du da weiter?«

Und wiederum sagte ein alter Meister: »Wer auf der Spitze eines hundert Fuß hohen Pfostens sitzt, und mag er auch eingedrungen sein, vollzieht noch nicht die Wahrheit. Er muss noch einen Schritt weiter gehen und seinen ganzen Leib in den Zehn Weltrichtungen offenbaren.«

Mumons Worte:

Wenn du voranschreiten und den Leib umwenden kannst, gibt es da irgendeinen Grund, es nicht zu mögen, dass das ehrwürdig genannt wird? Wie dem nun auch sein mag, sag einmal: Von der Spitze eines hundert Fuß hohen Pfostens, wie gehst du da weiter? Sa!

• *Sekisō:* Name eines Klosters im Süden Chinas, dessen Name auf die Meister übergegangen ist. Hier ist Chōsa gemeint, der im 11. Jahrhundert lebte; acht Generationen nach ihm folgt in dieser Rinzai-Linie Mumon Eikai, der im 13. Jahrhundert die vorliegende Kōan-Sammlung *Mumonkan/Wumenguan* zusammengestellt hat.

• *Zehn Weltrichtungen:* die vier Himmelsrichtungen, dazu Nordost, Südost, Südwest, Nordwest sowie oben und unten, also überall

Der Lobspruch lautet:

Das Stirnauge ist blind;
er sieht irrtümlich den Stern an der Waage.
Den Leib abgetan, das Leben weggeworfen,
führt ein Blinder Blinde.

- *Stirnauge:* das eine Auge, das Satori-Auge
- *er sieht ... Stern an der Waage.* D. h., er sieht nur den Zeiger, aber gar nicht, was er anzeigt. Auch diese Stelle hat eine doppelte Bedeutung: Entweder ist das Satori-Auge blind und stumpf geworden, oder es handelt sich um die höchste Form der Blindheit: Alles ist weggewischt, niemand, der sieht, nichts, was gesehen wird, und doch geht im Alltag alles ganz selbstverständlich weiter.

Fall 47

TOSOTSU: Drei Schranken

Das Beispiel:

Meister Tosotsu Jüetsu legte Zen-Schülern die drei Schranken als Frage vor:

Durch das Gras streifen und um Führung auf dem Weg ansuchen ist einzig um der Selbst-Wesensschau willen. Wo ist grad dein (Selbst-)Wesen?

Wenn du das Selbst-Wesen erlebt hast, kannst du dich von Leben und Tod befreien. Wenn dir die Augen brechen, wie kannst du dich befreien? Hast du dich von Leben und Tod befreit, kennst du den Ort, dahin du gehst. Wenn sich dein Leib in die vier Elemente aufgelöst hat, wohin gehst du dann?

Mumons Worte:

Wenn du die drei Umkehrworte richtig geben kannst, wirst du, wo immer du auch sein magst, Meister sein und unter allen Umständen der Essenz entsprechen.

Wenn es aber noch nicht also (um dich) steht, so füllt dich das Verschlingen von Essen schnell, während es bei gut gekautem Essen schwer ist, wieder hungrig zu werden.

• *vier Elemente:* im indischen Denken Erde, Wasser, Feuer, Wind, aus denen alles Grob- und Feinkörperliche besteht

Der Lobspruch lautet:

In einem Bewusstsein(smoment) sehen wir das Ganze
unendlicher Kalpas.
Die Tatsache unendlicher Kalpas ist das eben grad Jetzt.
Wenn du jetzt diesen einen Bewusstseinsmoment
durchschaust,
durchschaust du denjenigen, der grad jetzt sieht.

• *Kalpa:* Äonen, also Zyklen des Werdens und Vergehens der Welt

Fall 48

KEMPŌ: Ein Weg

Das Beispiel:

Einst fragte ein Mönch Meister Kempō: »Die Bhagavan der Zehn Richtungen – ein Weg zum Tor des Nirvana heißt es. Ich möchte wohl wissen, wo dieser Weg ist.«

Kempō nahm einen Stab auf und sagte, indem er einen Strich zog: »Hier ist er.«

Später bat der Mönch Ummon um Unterweisung. Ummon nahm seinen Fächer auf und sagte: »Dieser Fächer springt zum 33. Himmel hinauf und trifft die Nase von Taishaku. Der Karpfen des Ostmeers, schlägt man ihn einmal mit dem Stock, so regnet es in Strömen, wie wenn man ein Tablett voll Wasser neigte.«

Mumons Worte:

Einer geht zum Grunde des tiefsten Meeres, holt Sand herauf, bringt Staub hervor.

Der andere steht auf dem Gipfel des höchsten Berges, macht weiße Wogen zum Himmel schlagen.

Festhaltend, loslassend, jeder eine Hand reichend, unterstützen sie das wesentliche Prinzip. Es ist grad wie mit zwei Kindern, die von entgegengesetzten Richtungen ge-

• *Bhagavan der Zehn Richtungen:* Heilige oder Buddhas des Universums (die überall und immer schon waren, sind und sein werden)
• *Taishaku:* japanische Bezeichnung für den indischen Gott Indra, der auf dem Berg Sumeru mit 32 Gottheiten herrscht

laufen kommen und zusammenstoßen. In dieser Welt dürfte keiner sein, der völlig erwacht ist.

Mit dem Wahren-Auge betrachtet: Die beiden großen alten Meister wissen nicht, wo der Weg ist.

Der Lobspruch lautet:

Ehe du noch einen Schritt getan hast, bist du schon angekommen.
Ehe du noch die Zunge bewegt hast, ist die Rede schon beendet.
Selbst wenn du ihm Zug um Zug voran bist,
wisse, dass hoch oben noch ein Spielfeld ist.

Mumons Nachwort

Wie habe ich die Lehren der Buddhas und der Patriarchen niedergeschrieben? Ich habe es so getan, wie ich die Protokolle der Gerichtsakten erstelle. Es gibt kein überflüssiges Wort.

Ich habe die Essenz freigelegt, indem ich die Schädeldecke entfernt und die Augäpfel herausgenommen habe. Du musst es wagen, direkt zum Punkt zu kommen, nicht außerhalb danach zu suchen.

Wenn du ein Mann mit großen Fähigkeiten bist, der sich in allem gut auskennt, dann kannst du sofort die Essenz einer jeden Unterweisung erfassen, sobald du nur hörst, wie sie angesprochen wird. Da ist kein Tor, welches durchschritten werden muss, und keine Stufe ist zu erklimmen. Deine Ellenbogen in die richtige Position bringend, wirst du die Schranke durchschreiten, ohne den Hüter um Erlaubnis zu fragen.

Hast du Genshas Rede gehört? »Nicht-Tor« ist das Wort zur Befreiung! »Nicht-Absicht« ist die Absicht des Menschen, der den WEG geht!

Und Hakuun sagte: »Klar ist der WEG zu sehen. Nur dieses Eine! Warum begreifst du es nicht?« Diese Worte sind gleich so, wie den Boden mit Milch zu bemalen.

Sobald du die Essenz des »Nicht-Tor« unmittelbar durchdrungen hast, wirst du aus mir, Mumon, einen Narren machen.

Wenn du nicht zur Essenz des »Nicht-Tor« vordringen kannst, hast du dich selbst betrogen.

Ehrfurchtsvoll geschrieben vom
Mönch Mumon Ekai, achter Nachfolger von Yōgi,
fünf Tage vor Ende der sommerlichen Übungszeit
im ersten Jahr der Aera Jōtei (1228)

Mumons Zen-Warnungen

Den Vorschriften zu folgen und sich den Regeln zu unterwerfen bedeutet, sich selber ohne Strick zu fesseln.

Zu tun, was du magst in jeder Hinsicht, ist Häresie und Teufelswerk. Den Geist klar und ruhig halten ist Quietismus und falsches Zen.

Willkürlich zu sein und die mitverursachenden Umstände zu vergessen, heißt, in ein tiefes Loch zu fallen.

Andauernd wach und klar zu sein wie die Mittagsstunde, heißt, Ketten und eiserne Kragen zu tragen.

In den Kategorien von »Gut« und »Böse« zu denken, entspricht der Unterscheidung zwischen »Himmel« und »Hölle«.

Das Trachten nach Buddhaschaft oder Dharma bedeutet, in zwei eisernen Bergen eingeschlossen zu sein.

Zu sagen, dass das Wirken des Bewusstseins Erleuchtung selber ist, ist wie mit Gespenstern spielen.

Leer in Meditation zu sitzen ist Leben in der Dunkelheit, in einem Haus, wo der Spuk umgeht und Dämonen leben.

Vorwärtszugehen bedeutet, in einem Prinzip verlorenzugehen, rückwärtszugehen ist wie ein toter Mann, der atmet.

Sag mir einfach! Wie setzt du es ins Leben um? Du sollst dich bemühen, in diesem Leben volle Erleuchtung zu erlangen! Verschiebe es nicht auf morgen.

Sitz nicht in deinem Unglück herum.

Sōjūs Verse zu Oryūs Drei Schranken

Wie vergleicht sich meine Hand mit der Hand des Buddha?

Nach dem Kopfkissen unter mir tastend
lachte ich laut auf –
HA! – Von Anbeginn ist der Körper nichts als Hand!

Wie vergleicht sich mein Fuß mit dem eines Esels?

Bevor ich mein Bein hebe, habe ich den Boden schon betreten.
Über die vier Meere hinweg wandle ich –
und reite kopfüber auf Yōgis dreibeinigem Esel.

Jeder hat einen Ort der Geburt im Karma.
Zeige mir deinen Ort der Geburt im Karma!

Das Selbst-Wesen erhebt sich schneller als der Gedanke,
Nata brach seine Knochen und gab sie seinem Vater zurück.
Hatte der Fünfte Patriarch wirklich keinen Vater?

- *Nata:* der starke, achtarmige Dämon Nata, der auf dem Zen-Weg vorangeht; vgl. oben Mumons Vorwort, vor dem Lobspruch: »Wenn du ein tapferer Kerl bist … selbst wenn der achtarmige Dämon Nata …«
- *Fünfter Patriarch:* Hung-jen (7. Jahrhundert)

Die Buddha-Hand! Der Eselsfuß! Der Urgrund der Existenz!

Es ist nicht BUDDHA! Es ist nicht der WEG! Es ist nicht ZEN!
Kein Wunder – das Nicht-Tor ragt steil auf
und erweckt riefen Groll bei Kuttenmönchen.

Mumon war neulich im Zuiganji-Tempel.
Vom Hohen Sitz richtete er über Kōans aus alter und neuer Zeit,
sprachlos waren gewöhnliche Menschen und Weise.
Ist da kein brüllender Drache, der ihn schweigen macht?!

Mit diesem armseligen Vers wird dem Mönchsältesten Mumon für sein Kommen auf unsere Einladung und seine Unterweisung zutiefst gedankt.

Im späten Frühjahr des dritten Jahres Jōtei (1230)
geschrieben von Mūryo Sōju

Mōkyōs Epilog

Bodhidharma kam aus dem Westen. Seine Lehre klammert sich nicht an Worte und Buchstaben. Direkt auf das Selbst-Wesen hinweisend, betonte er, dass dies das Erlangen der Buddhaschaft bedeutet.

»Direkt hinweisen« ist schon irreführend. Weiter zu sagen »Buddhaschaft erlangen«, ist ein bisschen senil.

Von Anbeginn ist da kein Tor, das deinen Durchgang versperrt. Wie kann da eine Schranke sein, die dich zurückholt.

Mumon ist freundlich wie eine Großmutter und die Verleumdungen seiner Person sind weitverbreitet.

Ich, Mōkyō, wollte einige unnötige Worte hinzufügen, die das 49. Beispiel ausmachen. Durchschau es mit dem einen Auge, ob du etwas Falsches darin findest.

Im Sommer des fünften Jahres Jūnyū (1245)
Zweite Auflage
Dies wurde vom Mōkyō als ein Epilog geschrieben

• *mit dem einen Auge:* mit dem Satori-Auge, dem Auge der Erleuchtung

Ambans Worte

Fall 49

Altmeister Mumon sammelte 48 Fälle und beurteilte die wertvollsten Kōans der Alten. Wie ein Straßenverkäufer von gerösteten Bohnenkuchen stopft er seinen Kunden die Kuchen in die geöffneten Münder, bis sie sie weder herunterschlucken können noch ausspeien.

So ist es also –

Aber Amban backt einen anderen Kuchen in Mumons rotglühendem Ofen, gibt ihn zu den 48 und serviert ihn dir auf Mumons Art.

Wo wohl der alte Meister hineinbeißen wird? Schafft er es mit einem Biss, wird Licht ausstrahlen und die Erde erbeben. Wenn nicht, versinken die anderen 48 Fälle schnell im roten Höllensand. Sprich! Sag etwas!

Das Sutra sagt: »Halt! Halt! Du darfst es nicht erläutern! Mein Dharma ist zu erlesen und schwierig, um gedanklich erfasst zu werden.«

Amban sagt:

Woher kommt das Dharma? Woraus kommt das Erlesene? Wie ist es manifestiert, wenn es erklärt und ausgelegt wird?

Es ist nicht nur Mönch Bukan, der ein Plappermaul ist. Das Geplapper fing mit Shakyamuni selber an. Der alte Mann schuf Gespenster, in deren Schlingen sich die Nachkommen von 1100 Zeitaltern verstrickten und die sie straucheln ließen, unfähig, ihre Köpfe zu erheben.

Und nun kommt Mumon daher mit seinen außergewöhnlichen Reden. Du kannst sie nicht rösten oder dämpfen wie einen heißen Kuchen. »Sehr verwirrend« – sagen die Leute – »und was ist das Ende vom Lied?«

Amban legt seine Fingerspitzen zusammen und antwortet: »Halt – Halt! Es darf nicht erklärt werden! Mein Dharma ist zu erlesen, um in Gedanken erfasst zu werden.« Indem ich schnell sage: »Zu erlesen, um in Gedanken erfasst zu werden«, zeichne ich eilig einen Kreis um die Schriftzeichen, wobei ich sage: »Die 5000 Bände der Sutra und das unvergleichliche Dharma von Yuimas ›Tor der Nicht-Zweiheit‹ sind alle in ihm enthalten.«

Ambans Lobspruch:

Wenn einer dir sagt, Feuer ist hell,
antworte nicht – schau in die andere Richtung.
Es ist der Rebell selber, der einen Rebellen erkennt.
Eine Frage – und alles ist klar.

Am ersten Tag im August des sechsten Jahres
von Jūyū (1246) schrieb der Laie Amban
dies im Fischerhäuschen am Westsee

Namenregister

Die Ziffern verweisen auf die Nummern der Fälle; in wenigen Fällen sind Seitenzahlen angeben.

Nachwort

Von Hans-Günter Wagner

Mit nur 48 klassischen Beispielen ist »Die torlose Schranke« (chin. *Wúmén guān*, jap. *Mumon-kan*) eine der kürzesten, zugleich aber die bekannteste Kompilation alter chinesischer Meditationsanweisungen mit paradoxen und logisch nicht auflösbaren Fragestellungen (Kōans). Die Sammlung wurde gegen Ende der Song-Dynastie im 13. Jahrhundert durch Chan-Meister Wumen Huikai zusammengestellt, der jedes der überlieferten Kōans, das er aufnahm, noch durch einen erläuternden Kommentar und einen Vers ergänzte. Während der Song-Zeit waren solche Kōan-Sammlungen als Übungsbücher im Umlauf, an deren Aufgaben sich die Chan-Schüler systematisch abarbeiteten. Für heutige westliche Leser vermittelt die Lektüre oft ein Gefühl von Fremdheit und Nähe zugleich. Einerseits kommt eine Anmutung kryptischer, asiatischer Exotik auf, andererseits werden existentielle Fragen thematisiert, die jeden Menschen zutiefst betreffen.

Meditation als Welterfahrung

Der ursprüngliche Zweck dieser Sammlung war die Unterstützung der klösterlichen Meditationsübungen in der Tradition der *Línjǐ*-Schule (jap. *Rinzai*) des chinesischen Chan- bzw. japanischen Zen-Buddhismus. Die Kōan-Methode ist eine Innovation des chinesischen Buddhismus, im »Buddhismus des Buddha« gab es sie nicht. Bereits vor dem Aufkommen des Buddhismus wurde im alten Indien viel meditiert. Die Übung der Versenkung nannte man u. a. *dhyāna* oder *shamatha*, Sanskrit-Begriffe, die unterschiedliche Aspekte dieser Techniken und Erfahrungsweisen bezeichnen (im Pali, der Sprache des frühen Buddhismus, die dem Sanskrit sehr ähnlich ist: *jhāna* bzw. *samatha*). Alle diese Methoden sind auf Konzentration, Sammlung und Loslösung gerichtet. Auf ihren höchsten Stufen sollen sie dem Meditierenden das Erleben des Ewigen und Zeitlosen ermöglichen. Auch Buddha beherrschte und lehrte sie, doch erweiterte er sie um eine weitere und ganz entscheidende Methode, nämlich die der Offenheit des Bewusstseins für den gegebenen Augenblick, das Gewahrsein dessen, was jeweils wirklich geschieht. Seine neue Methode wird *Vipassanā* genannt. Im Unterschied zu den Samatha-Meditationen, die den Geist beruhigen und darauf zielen, alle sinnlichen Wahrnehmungen weitgehend zu eliminieren, damit man das reine und von allen Sinneswahrnehmungen Unbefleckte realisiert, lehrte Buddha im *Satipatthāna-Sutta* (dem »Sutra von den Grundlagen der Achtsamkeit«) einen anderen Weg, indem er geradewegs auf die sehr genaue Betrachtung der körperlich-sinnlichen Wahrnehmungen sowie geistigen Vorgänge setzte. Durch größte Achtsamkeit sollen alle gedanklichen Konzepte schwinden, die Subjekt und Objekt voneinander trennen. Am Ende des Prozesses löst sich alle Substantialität der Wirklichkeit auf; es handelt sich also um eine Methode der Dekonstruktion. Die von Buddha gelehrte Vipassanā-Meditation fordert die unablässige Beobachtung des Atems, des Körpers, der Gedanken und der Geistesfaktoren. Mit Letzteren sind die kleinsten und unteilbaren Einheiten der Wirklichkeit und Wirklichkeitserfahrung (im Bewusstsein) gemeint, die *dhammas* (Sanskrit *dharmas*) genannt werden.[1] Alle Dinge sind unbeständig, vergänglich und ohne bleibenden Kern, ihr Dasein ist nur relativ in Beziehung zu anderen, aber die Vergänglichkeit (*aniccānupassī*) selbst ist eine echte und beständige Realität. Zu den *dhammas* zählen auch die bei der Meditation auftretenden Hindernisse wie Dumpfheit, Rastlosigkeit und Sorge. Im Frühbuddhismus gibt es Listen, die Dutzende unterschiedliche Geistesfaktoren benennen. Wer auf hoher Stufe meditiere, lerne sie zu beherrschen. Im Chan- und Zen-Buddhismus wird ihr ontologischer Status später neu definiert.

Von Indien nach China

Als der Buddhismus um die Zeitenwende im Gefolge von Handelskarawanen über die Seidenstraße und auf dem Seeweg nach China kam, traf er dort auf eine entwickelte spirituelle Kultur. Die Menschen zeigten reges Interesse an der indischen Lehre. Zunächst hielt man den Buddhismus für nichts weiter als eine neue Meditationskultur. Techniken der meditativen Versenkung waren im Land der Mitte

1 Alternative Übersetzungen sind »allgemeine Tatsachen« oder schlicht »Phänomene«. Zur Breite dieses Begriffs, der in den buddhistischen Schriften nicht einheitlich gebraucht wird, vgl. zum Beispiel Bhikkhu Anālayo, *Der direkte Weg – Satipaṭṭhāna*, aus dem Engl. übers. von Ilse Maria Bruckner und Siegfried C. A. Fay, Stammbach 2010, S. 205 f.; Edward Conze, *Buddhistisches Denken. Drei Phasen buddhistischer Philosophie in Indien*, aus dem Engl. von Ursula Richter, Frankfurt a. M. 1988 [u. ö.], S. 315 ff.

bereits weit verbreitet. Sowohl der Daoismus als auch der Konfuzianismus kannten eine Reihe eigener Meditationsübungen. In den *Gesprächen des Konfuzius* (*Lúnyǔ*) ist von geistigen Techniken die Rede, die den Körper ruhig und starr, wie zu »trockenem, dürrem Holz« werden lassen. Und im damaligen Daoismus ist die Versenkung und stille Betrachtung der Dinge, dort »Sitzen in Vergessenheit« (*zuò wàng*) genannt, ein Weg, um in völliger Absichtslosigkeit mit dem eigenen Ursprung (dào) in Verbindung zu treten.

Von Beginn an verband sich der Buddhismus mit den indigenen religiösen Lehren und Praktiken. So entstand im Laufe der Jahrhunderte ein »chinesischer Buddhismus« mit ganz eigenen Merkmalen, von denen u. a. die Kōan-Meditationsmethode der Chan-Schule prägend wurde. Bei dem Wort Chan handelt es sich um die Sinisierung eines der indischen Sanskrit-Begriffe für Meditation (*dhyāna*). Ursprünglich sagte man *chán'nà*, später ließ man das *nà* einfach weg. In Japan sagte man Zen statt Chan. Chan bzw. Zen bekam eine Doppelbedeutung: Zum einen ist es ein erreichbarer Zustand der Meditation, zum anderen das, was allem innewohnt, die ursprüngliche Natur aller Dinge, zu der die Versenkungsübungen den Weg öffnen sollen. Zur Legitimation der Chan-Richtung bildete sich in China ein neues Narrativ heraus; in Ermangelung einer Texttradition wurde die Existenz einer rein mündlichen Überlieferungslinie behauptet, die direkt bis zum Buddha zurückgehe. Auf einer Versammlung von Tausenden von Menschen auf dem Geierberg habe Buddha einmal eine Blüte emporgehoben und wortlos zwischen den Fingern gedreht (nach einer anderen Version soll er lediglich auf sie gedeutet haben). Niemand der Anwesenden verstand etwas, allein über das Gesicht seines Jüngers Kashyapa huschte in diesem Moment ein Lächeln, und er erlangte die Erleuchtung. Da soll Buddha ihn beauftragt haben, den wunderbaren Geist des Nirvana wortlos weiterzugeben. In den chinesischen Chan- und japanischen Zen-Schulen ist dieses Ereignis der Ursprung der Überlieferungslinie des plötzlichen Erwachens. Auf 27 indische Linienhalter folgte schließlich der indische (nach anderer Auffassung persische) Mönch Bodhidharma (chin. Putidamo), der Anfang des 6. Jahrhunderts die Chan-Lehre nach China brachte und dort zu ihrem ersten Repräsentanten wurde. Später breitete sie sich auch nach Japan und in andere Länder aus. Für die ununterbrochene Existenz einer solchen Überlieferungslinie fehlen allerdings die historischen Belege. Selbst in Bodhidharma sehen heutige Forscher ein Kunstprodukt nachfolgender Schülergenerationen, die ihn zur großen spirituellen Führungsfigur stilisierten, um sich selbst und ihren Lehren größere Autorität zu verschaffen. Bereits in alten Texten heißt es, man habe in seinem Grab später nur ein Paar Sandalen gefunden.

Intuition und die Erfahrung der höchsten Wirklichkeit

Im Geiste der reklamierten, rein mündlichen Tradition herrscht in den Chan- und Zen-Schulen die Auffassung, Wissen und Erkenntnis seien vor allem intuitiv zu gewinnen, schriftliche Aufzeichnungen dagegen zweitrangig. Die überlieferten Texte wurden kaum noch gelesen. Dafür radikalisierten sich die metaphysischen Überzeugungen. Galten im Frühbuddhismus die *dhammas* noch als real, so wird jetzt alles zur Imagination und rein geistgeschaffenen Wirklichkeit erklärt. Sogar die Existenz des Nirvana als wahrer, gegenüber der »falschen« Wirklichkeit des Samsara wird relativiert. Die höchste Realität sei nicht dual und daher auch bar jedweder Unterscheidung. War früher ein gewundener Stock auf dem Wege, der den Wanderer erschreckt und ängstlich zurückweichen lässt, weil er ihn für eine Schlange hält, noch ein realer Stock, so wurde jetzt beides – Stock und Schlange – zu letztlich unwirklichen Phänomenen erklärt. Damit kamen Erklärungsparadoxien auf: Wenn es zwischen Nirvana und Samsara keinen Unterschied gibt, warum soll man dann überhaupt Anstrengungen unternehmen, das große Erlösungsziel zu erreichen? Um solche Paradoxien aufzulösen, wurde immer öfter eine Rhetorik der Wortlosigkeit beschworen. Wahre Einsicht geschehe jenseits der Sprache und manifestiere sich in donnerndem Schweigen wie in beredter Stille. In dieser Gedankenwelt entstanden die ersten Kōans.

Später teilte sich der chinesische Chan in zwei Richtungen: Die *Cáodòng*-Richtung (jap. *Sōtō*) lehrte einen allmählichen Weg zur Erleuchtung, während die *Línjǐ*-Richtung (jap. *Rinzai*) die Auffassung vertrat, dass diese stets in einer plötzlichen Erfahrung über den Übenden komme. Hingebungsvolle und ausdauernde Meditation wird wichtiger als das systematische Studium der Schriften. Die zentrale Übungsmethode der Rinzai-Richtung ist die Arbeit mit Kōans. Später bedienten sich in Japan auch einzelne Meister der Sōtō-Richtung dieser Methode.

Kōan als Übungsmethode

Kōans (chin. *gōng'àn*, wörtl. »öffentlich vorgetragener Fall«) sind Fragen oder Feststellungen zu wichtigen Lebensthemen wie: Wer bin ich? Woher komme ich? Was ist der Sinn des Lebens? Es handelt sich um Meditationsanweisungen mit paradoxen und logisch nicht auflösbaren Fragestellungen, die eine unmittelbare Einsicht ermöglichen sollen, indem der Adept sehr lange Zeit in der Meditation über sie nachsinnt. Man kann ein Kōan gleichzeitig als eine spezifische literarische Ausdrucksform in einem bestimmten Handlungskontext definieren. In praktischer Hinsicht fördert es die Konzentration. Es wird nicht durch reflektierendes Denken erschlossen, vielmehr soll durch es eine plötzliche Einsicht oder Erfahrung ausgelöst werden. Der Chan- bzw. Zen-Meister gibt das Kōan in einem persönlichen Gespräch an einen Schüler oder eine Schülerin – entsprechend dem vermuteten Erkenntnisstand. Frage und Reaktion finden oft vor den Augen anderer Übender statt, die so daraus selbst lernen können.[2]

Nehmen wir zur Illustration das bekannte Kōan: »Wenn alle Dinge aufhören zu existieren, wohin gehst du?« Das Paradox ist offensichtlich: Wenn alle Dinge aufhören zu existieren, existiere auch ich nicht mehr. Wohin kann ich noch gehen, wenn nichts mehr existiert und es daher auch zwischen *hier* und *dort* keinen Unterschied mehr gibt. Das Kōan stößt den Übenden auf die Frage des »Wer bin ich?«, die Frage nach dem eigenen Selbst. Er kann sich aber nicht

2 Zum Kōan vgl. zum Beispiel Hans-Günter Wagner, *Buddhismus in China. Von den Anfängen bis in die Gegenwart*, Berlin 2020, S. 413 f.; dort belegt mit zahlreichen Originalquellen.

außerhalb seiner selbst stellen, um sie zu beantworten, denn ohne das fragende und denkende Selbst gäbe es ihn gar nicht. Aus dem Nichts kann man eigentlich gar nichts betrachten, vielleicht nur das Nichts selbst, nicht aber das Seiende. Aber sobald man das Nichts betrachtet, ist es ein Etwas geworden und damit nicht mehr nichts. Und außerdem existiert auch der Betrachtende noch! Der Übende kann für eine lange Zeit logisch und rational über diese Frage nachsinnen, wird aber am Ende immer wieder auf deren Unbeantwortbarkeit gestoßen.

Er muss es also auf andere Weise versuchen: Wie kam das Kōan zu ihm? Der Adept war auf der Suche nach etwas, traf dann den Meister, der ihn in seiner Methode unterwies und damit ein Beziehungsverhältnis etablierte. Das Problem entstand, weil es ihn, den Suchenden, das Objekt der Suche und den Meister als dritte Dimension der Vermittlung beider gibt, die alle getrennt voneinander existieren. Oder existieren sie auf einer höheren Ebene der Wirklichkeit vielleicht gar nicht getrennt voneinander? Es geht bei diesem (wie bei jedem Kōan) nicht um eine logische Erklärung, sondern die Initiation einer Erfahrung. Der Übende soll sich als Teil des Dilemmas begreifen, über das er nachsinnt. Irgendwann fangen die Begriffe an zu tanzen. Normalerweise gewinnen einzelne Worte und Aussagen an Tiefe, je mehr man über sie nachsinnt, doch gleichzeitig ändern sie dabei ihren Sinngehalt und ihre Bedeutung. In diesem Prozess kommt es zur Verwerfung bestehender Sichtweisen. Dafür kommen neue auf, und bisherige zeigen auf einmal Selbstwidersprüche. Inkonsistenzen treten zutage, die zuvor nicht bemerkt wurden. Die grundsätzliche Problematik der Fixierung der Welt in feste Begriffe, während sich das wirkliche Leben in ständiger Veränderung befindet, wird auf einmal überdeutlich.[3] Jetzt wird über das Ungedachte auf neue Weise gedacht. Daraus entstehen bisher unbekannte Beziehungsmuster von Sprache und Wirklichkeit. Irgendwann wird es unübersichtlich, und das Ich droht die Kontrolle zu verlieren. Aber erst wenn dann der Kopf zu einer Schale wird, die überläuft, kann es zu einer Einsicht kommen, welche aber nicht in Worte zu fassen ist. Und das ist die Antwort. Das Kōan soll eine existentielle Selbsterfahrung initiieren und zum Zentrum des Ich und der eigenen Gedanken führen. Der Adept soll an nichts glauben, er darf nicht nur, er muss sogar zweifeln. Je größer der Zweifel, desto größer die Erleuchtung.[4]

3 Jahrhunderte später wurde diese Problematik zu einer zentralen Frage postmoderner Diskurse. So hat etwa der Dekonstruktivist Jacques Derrida als eigene Wortschöpfung den Begriff der *différance* eingeführt, den er zwar nirgends systematisch expliziert und definiert, das Gemeinte aber durch ein vages und immer wieder neues Umkreisen verdeutlicht. So wenn er vom Unterschied zwischen Lesen und Schrift spricht oder den verschiedenen Wirkungen, welche durch die ständige Wiederholung von Begriffen im Geist ausgelöst werden. Am Ende bleiben keine festen Elemente mehr, aber es bleibt die Frage, wie angesichts dieser Differenz so etwas wie die Bildung von Identitäten oder Kontinuitäten überhaupt möglich sein kann. Vgl. Jacques Derrida, *Die Schrift und die Differenz*, aus dem Frz. von Rodolphe Gasché und Ulrich Köppen, Frankfurt a. M. 2000.

4 Umgekehrt gilt: Keine Zweifel = keine Erleuchtung. Für Hakuin Ekaku (1686–1769), der den Rinzai-Zen erneuerte, als dieser ab dem 14. Jahrhundert allmählich zu verfallen drohte, war das Kōan eine Methode, den Adepten systematisch in die Enge zu treiben, bis sich schließlich der Große Zweifel (chin. *dà yí*) einstellt und den nahen Durchbruch ankündigt.

Dabei können auch tradierte religiöse Lehren infrage gestellt und zertrümmert werden, sofern sie der Selbsterkenntnis im Weg stehen. Die Kōan-Paradoxien können nicht harmonisch aufgelöst, sondern sollen als Paradoxien der Wirklichkeit am eigenen Leib erfahren werden. Jeder muss auf seine Weise lernen, mit ihnen umzugehen. In den Chan- und Zen-Schulen ist man davon überzeugt, dass anhand der Reaktion des Schülers auf das ihm gegebene Kōan ein erfahrener Meister erkennen könne, ob er oder sie auf dem Weg des Zen Fortschritte macht oder in Illusion und Irrtum verharrt.

»Jenseits der Worte und Schriftzeichen«

Kōans sollen also zu einem inneren Verstehen anregen, irgendwo zwischen einem gewaltigen Aha-Erlebnis und der Erfahrung des *Mysterium tremendum et fascinosum*. Natürlich kann man sie auch einfach als Rätsel verstehen. Chan- und Zen-Buddhisten sind davon überzeugt, dass sie rational nicht lösbar sind, sondern nur durch intuitives Eintauchen in die Weisheit der Frage verstanden werden können: »[Alle] Kōans sind unüberwindliche Barrieren für Unerleuchtete«, schreibt der Jesuit und Zen-Meister Hugo M. Enomiya-Lassalle.[5] Daher müsse die »Tätigkeit des gewöhnlichen Bewusstseins [...] völlig ausgelöscht werden«.[6]

5 Hugo M. Enomiya-Lassalle, »Geleitwort«, in: Huikai, *Mumonkan – Die torlose Schranke. Zen-Meister Mumons Koan-Sammlung*, neu übertr. und komm. von Kôun Yamada, ins Dt. übers. von Ludwigis Fabian, München 1989, S. 8.

6 Ebd.

Man wehrt sich vehement dagegen, diese Texte oder Textfragmente mit dem Verstand bearbeiten zu wollen. Eine Antwort gäbe es allein aus der »Präsenz des Moments« – und diese sei wortlos.

Nun hat sich aber trotz dieses Fokus auf Intuition und unmittelbarem Erleben in China und Japan eine umfangreiche Kōan-Kommentationsliteratur etabliert. Viele Kōans gehen auf literarische Vorläufer zurück, insbesondere die berühmten Frage-und-Antworten-Dialoge zwischen Schüler und Meister während der Tang- und Song-Zeit, die eine eigene literarische Gattung bilden, bekannt unter dem Namen *Yǔlù*. Es waren diese Aufzeichnungen von geglückten Erleuchtungsunterweisungen, die bis heute die faktische Grundlage der chinesischen und japanischen Überlieferung »jenseits der Worte und Schriftzeichen« bilden. In Wirklichkeit ist also die wortlose Überlieferung gar nicht so wortlos, wie sie für sich in Anspruch nimmt. Wer das Beispiel der »stillen Post« kennt, weiß, dass rein mündliche Informationen sehr schnell degenerieren. Ohne textliche Unterfütterung hätte die Kōan-Tradition vermutlich nicht bis heute bestehen können. Allerdings wird im Unterschied zu anderen buddhistischen Richtungen im Chan- und Zen-Buddhismus die Lehre nicht in erster Linie über eine systematische und logisch-stringente Darlegung ihrer Erkenntnisse und Prinzipien verbreitet, sondern anhand von Bildern und kleinen Geschichten erzählt. Dahinter steckt die Vorstellung, dass wirkliche Erleuchtung auf eigenem Erleben und eigener Einsicht gründe. Stärker als erklärende Worte sei allemal die Kraft eines Bildes.

Ein überzeitliches oder historisches Phänomen?

Ob die Chan- bzw. Zen-Erfahrung zeitlos ist oder ob sie – gleich jedweder anderen Tradition – im Kontext der jeweiligen Kultur und Geistesgeschichte gesehen werden muss, ist umstritten. Es gibt eine grundsätzliche Kontroverse um die Frage der Historizität der Chan-Lehren zwischen dem bekannten japanischen Zen-Gelehrten D. T. Suzuki (1870–1966) und dem ebenso bekannten chinesischen Historiker und Philosophen Hu Shih (1891–1962). Für Suzuki ist Chan bzw. Zen eine entrückte, alles Paradoxe übersteigende Erfahrung, die überall und jederzeit erlebt werden kann und die jenseits aller historischen Kontexte liege. Es sei reine Erfahrung und nichts weiter. Hu Shih hingegen wendet sich gegen die Auffassung, dass die menschliche Vernunft nicht in der Lage sei, das Phänomen des Chan zu verstehen. Es handle sich um nichts weiter als einen integralen Bestandteil der allgemeinen chinesischen Geistesgeschichte und könne wie jede andere Schule auch in diesem historischen Rahmen studiert und völlig verstanden werden. Während Suzuki erklärt, dass die höchste meditative Erfahrung einmalig und in den Worten der Sprache nicht mitteilbar sei, lässt Hu Shih subjektive Erleuchtungskompetenz als Argument nicht gelten.[7] Spiritueller Elitismus und nüchterne Geschichtswissenschaft prallen hier unversöhn-

7 Zu dieser Kontroverse vgl. Hu Shih, »Ch'an (Zen) Buddhism in China. Its History and Method«, in: *Philosophy East and West* 3 (1953) H. 1, S. 3–24; D. T. Suzuki, »Zen: A Reply to Hu Shih«, in: ebd., S. 164. Eine deutsche Zusammenfassung findet sich in: Heinrich Dumoulin, *Geschichte des Zen-Buddhismus*, Bd. 1: *Indien und China*, Bern/München 1985, S. 4 und 65.

lich aufeinander. Teilweise missverstehen sich beide Kontrahenten, weil ihre Argumente auf unterschiedliche Erfahrungsebenen verweisen. Während Hu sich mit Chan/Zen vor allem auf die buddhistische Meditationspraxis der Tang-Zeit (7.–10. Jahrhundert) bezieht, denkt Suzuki an durchaus verschiedene Dinge, vor allem aber an das große Rätsel des Lebens, das, was immer und überall in allen Erscheinungen gegenwärtig ist.

Gewalt-Symbolik

Hinsichtlich der Wirkungsgeschichte des *Wúmén guān* stehen erratische Erleuchtungsaufzeichnungen neben gut dokumentierten literarischen Spuren. Es gibt auch politische Implikationen. Besonders zwei Geschichten haben umfängliche Debatten ausgelöst, weil in ihnen das strikte frühbuddhistische Gebot der Gewaltfreiheit konterkariert wird. In Kōan Nr. 3 (Guteis Finger) schneidet der Abt Gutei einem vorlauten Novizen dessen keck in den Himmel ragenden ›Erklärungsfinger‹ ab. Als der Novize auf die Stelle starrt, wo vorher sein Finger war, erlangt er in diesem Augenblick das Große Erwachen. Die Erleuchtung wird also durch einen brutalen Akt physischer Gewalt ausgelöst. Wurde in diesem Kōan ›nur‹ ein Finger abgehackt, um einen Adepten über die Wahrnehmung von Verlust und Leerheit am eigenen Leib zum Erwachen zu bringen, so bedurfte es nur noch eines weiteren kleinen Schrittes, bis auch ein Wesen sein Leben für ein ›erhabenes Ziel‹ lassen musste. In Kōan 14 tötet Meister Nansen eine Katze. Ausgangspunkt war ein Streit der Mönche zweier Tempelhallen. *Es ist unsere Katze, sagten die einen; die Katze gehört unserer Halle, meinten die anderen.* So ging es lange Zeit hin und her. Nansen kam, den Streit zu schlichten, doch konnte nichts ausrichten. So nahm er schließlich ein Beil (nach einer anderen Version sein Schwert) und schlug die Katze in zwei Stücke. Was hätte die Katze retten können? – Das Nachgeben. *Dann nehmt halt die Katze, hätte eine der Gruppen sagen müssen*, tat es aber nicht.

Einige Interpreten meinen, der Finger des Novizen sei nicht wirklich abgeschnitten und die Katze nur in Form einer symbolischen Handlung zweigeteilt worden, um wichtige Lehren des Buddhismus zu vermitteln, zum Beispiel den Verzicht aufs Recht-haben-Wollen. Aus heutiger Sicht ist es nicht mehr zu klären, ob es sich bei diesen Kōans um Episoden mit realem Hintergrund handelt oder um Allegorien, erfunden einzig mit dem Ziel der Evokation bestimmter Gefühle. Mehr als auf den ›Wahrheitsgehalt‹ kommt es auf ihre Rezeption und den Nachhall an, die über das Tempelleben hinausweisen und politischer Natur sind. Die absolute Gewaltfreiheit des frühen Buddhismus (Sanskrit *ahiṃsā*) weicht einer relativierenden Ethik. Gewalt wird gerechtfertigt, wenn sie im Dienst eines höheren Ziels steht. Das machte den Buddhismus für die Herrschenden brauchbar.

Politische Wirkungen

Nicht unerwähnt bleiben soll, dass in Japan der Zen schon bald nach seiner Ankunft im Land zur Religion der Samurai-Kriegerkaste wurde. Hingabe, Selbstopfer und eine hohe Schmerztoleranz sind die Merkmale des Kriegerpfades (*bushido*). Myōan Eisai (1141–1215) führte den Línjĭ-Chan in Japan ein und gilt als Begründer des japanischen Rinzai. 1198 verfasste er eine Schrift mit dem Titel »Abhandlung für den Schutz der Nation durch die Förderung des Zen«, um die Lukrativität seiner Schule für den Bestand des Herrscherhauses darzustellen.[8] Vom 12. bis ins 19. Jahrhundert entwickelte sich in Japan auf der Basis einer spartanischen Lebensweise eine ausgefeilte militärische Kultur. Die Stärke des Zen lag für die Samurai in den Methoden der Willensschulung und Selbstzucht. »Der Samurai findet seinen Weg im Tod«, lautet einer der ersten Sätze in *Hagakure*, der Kriegerbibel der Samurai. Das bezieht sich zum einen auf die Bereitschaft, das eigene Lebens im Dienste der Pflichterfüllung aufzugeben, zum anderen darf auch keine Rücksicht auf den Gegner genommen werden. Eiserne spirituelle Selbstdisziplin mutierte hier zur Härte gegenüber anderen. Man soll sich rücksichtslos und voll blindwütiger Entschlossenheit in die Schlacht stürzen. Bereits während des 12. Jahrhunderts wurde die Kriegerklasse zum politisch dominierenden Machtblock und suchte von Beginn an nach religiöser Unterstützung und Legitimation. Diese fand sie im Zen.[9] Die individuelle Entschlossenheit und Hingabe an ein spirituelles Ziel – das eigentliche Anliegen der Kōan-Praxis – verwandelte sich im Samurai-Zen zu einer kollektiven Aufgabe der Gesellschaft

Im Japan des 20. Jahrhunderts verband sich der alte Kampfgeist der Samurai mit moderner Waffentechnologie.

8 Zum Wirken Eisais und seiner politischen Orientierung vgl. Christoph Kleine, *Der Buddhismus in Japan. Geschichte, Lehre, Praxis*, Tübingen 2011, S. 347 f.

9 Ebd., S. 447.

Das begann bereits mit dem russisch-japanischen Krieg von 1904/05. Hier trat der Zen-Mönch Shaku Sōen (1860–1919), der die japanischen Buddhisten 1893 beim ersten Weltparlament der Religionen in Chicago vertreten hatte, durch seinen Kriegseifer in Erscheinung. Mit allen Mitteln versuchte dieser anerkannte Repräsentant des Buddhismus die Soldaten davon zu überzeugen, dass sie für eine gute und gerechte Sache kämpfen.[10] Mit der Konzentrationspraxis in der Meditation wurde nicht nur Erleuchtung gesucht, sondern zugleich die Kriegstüchtigkeit verbessert. Martialische Kōans passten gut zu dieser Aufgabe. So verfasste der Buddhologe Takakusu Junjirō (1866–1945) 1937 eine Schrift mit dem Titel »Der neue Nipponismus und die Staatsauffassung des Buddhismus«, worin er ausführte, dass die Tapferkeit der japanischen Soldaten auf deren buddhistische Prägung zurückzuführen sei, insbesondere durch die Lehre von der Selbstlosigkeit. Ein bekannter General der japanischen Streitkräfte, Sugimotu Gorō, sprach von einem »Zen des Kaiserreichs« und erklärte »heilige Kriege« zur buddhistischen Praxis des Großen Mitgefühls.[11]

Im Zweiten Weltkrieg erreichte diese Entwicklung ihren fatalen Höhepunkt. In seinem 2003 erschienenen Buch *Zen War Stories* hat Brian Daizen Victoria umfassende Belege

10 Ein Angebot des russischen Schriftstellers Leo Tolstoi (1828–1910), gemeinsam gegen den Krieg einzutreten, lehnte er ausdrücklich ab: »In einem Antwortschreiben belehrte er Tolstoi dahingehend, daß es aus buddhistischer Sicht keinen Frieden geben könne, solange nicht alle Wesen im universalen Mitgefühl vereint seien. Zur Erreichung dieses Ziels seien Töten und Krieg unerlässlich« (ebd., S. 482).

11 Ebd., S. 482 f.

für das aktive Kriegsengagement japanischer Buddhisten vorgelegt.[12] Namhafte Zen-Priester bedienten sich der buddhistischen Lehren und der Zen-Praxis, um junge Soldaten in einen sinnlosen Opfertod zu treiben. Unter Hinweis auf die letztliche »Unwirklichkeit« des Todes wurden Massaker und Grausamkeiten gegenüber der Zivilbevölkerung legitimiert. Es hat bis zum Jahre 2001 gedauert, bis erstmals eine japanische Zen-Gemeinschaft öffentlich ihr Bedauern über »falsche Worte und Taten« ihrer damaligen spirituellen Führer zum Ausdruck brachte. Ausgelöst durch die öffentlichen Enthüllungen in Victorias erstem Buch *Zen at War* (erschienen 1997) entschuldigte sich die Myoshiniji-Richtung der Rinzai-Schule für das Verhalten ihres damaligen Führers Hakuun Yasutani (1885–1973) – einer der Lehrer von Brigitte D'Ortschy. Dieser war seinerzeit vor allem durch seine *Neuinterpretation* des buddhistischen Gebots des Nichttötens in Erscheinung getreten: »… natürlich soll man töten, so viele wie möglich. Man soll entschlossen kämpfen und jeden Angehörigen der feindlichen Armee töten. Der Grund liegt darin, dass es zur vollkommenen Verwirklichung von Mitgefühl und treuem Gehorsam notwendig ist, das Gute zu unterstützen und das Böse zu bestrafen. Verschlucke deine Tränen, wenn du tötest, und vergiss nicht, dass niemand wirklich stirbt.«[13] Wie kann ein durch jahrzehntelange Kōan-Praxis erleuchteter Meister das massenhafte Töten von Menschen rechtfertigen und zu einem quasi belanglosen Akt erklären? Japanische und

12 Vgl. Brian Daizen Victoria, *Zen War Stories*, New York 2003.

13 Zitiert nach: Brian Daizen Victoria, ebd., S. 72; siehe auch: »Zen's Holy War – Christopher Stephens speaks with priest and historian Brian Victoria«, in: *Kansai Time Out*, April 2003.

westliche Zen-Buddhistinnen und -Buddhisten haben diese Frage bisher unbeantwortet gelassen.

Kōan-Kommunikation systemisch betrachtet

Die Kōan-Texte haben also nicht nur eine spirituelle Seite, sondern auch Wirkungen entfaltet, die wohl nicht im Sinne ihrer Verfasser lagen. Nicht zu vergessen ist außerdem, dass die Kōan-Übung im Rahmen einer sozialen Beziehung stattfindet, in der das Moment der Macht des Meisters eine ausschlaggebende Rolle spielt. Es handelt sich nicht um einen Dialog gleichberechtigter Erkenntnissucher, die voneinander lernen, sondern es ist allein der mit dem Nimbus der Allwissenheit gesegnete Meister, der die Definitionsgewalt über die Erleuchtung seines Schülers oder seiner Schülerin besitzt, deren Erfahrungen sich vor seinem Richterauge bewähren müssen. Die Soziologen Niklas Luhmann und Peter Fuchs haben die Paradoxien der Kōan-Kommunikation einmal aus der Perspektive der Systemforschung als soziales System beschrieben, das sich selbst erschafft und erhält. Dabei kommen sie zu dem Ergebnis, dass Reden und Schweigen komplementäre Strategien darstellen, um den Kommunikationszusammenhang zwischen zwei Menschen in einer bestimmten Beziehungskonstellation zu ermöglichen und zu einem Ziel zu bringen, das eigentlich keines ist, zumindest kein mitteilbares und gewöhnlicher Kommunikation zugängliches.[14] Wer über das Unsagbare

14 Vgl. Niklas Luhmann / Peter Fuchs, *Reden und Schweigen*, Frankfurt a. M. 1989, S. 56 und 62 f.

viele Worte macht, verfehlt es und entfernt sich von ihm, allein, indem er eine Welt der Begriffe und Kategorien erzeugt, die vom Transzendenten fortführen. Das Paradox und die Ironie entfalten ihre Wirkung erst im Kontext der Bipolarität von Reden und Schweigen, von Offenbaren und Verbergen. Wobei das letzte Enthüllen gleich einem Akt des Verbergens ist, über den man nicht mehr sprechen kann. Wenn in der höchsten Erleuchtung nämlich jede Differenz schwindet, ist keine Kommunikation mehr möglich. Die Kunst eines guten und einfühlsamen Meisters bestehe folglich darin, die Kommunikation mit dem Schüler so zu gestalten, dass dieser durch Eliminierung der Differenzen zur unmittelbaren Erfahrung der Nicht-Differenz gelangt. Er muss ihn dazu bringen, nicht weiterhin unablässig Gedanke um Gedanke und immer neue Vorstellungen zu produzieren. Da die höchste Erfahrung unausdrückbar ist, kann er keinerlei Erklärung gelten lassen, und er selbst darf auch keine geben. Ob die Mitteilung verstanden wurde, muss also auf andere Weise denn durch wortreiche Verlautbarungen zum Ausdruck gebracht werden. So sind es in der Literatur oft zusammenhanglose, aber dennoch irgendwie treffende Bemerkungen, bizarre Gesten, Schläge oder sonst eine brachiale Demonstration, die als Manifestationen wahren Verstehens beschrieben werden.

Kafkas Kōan

Kōans thematisieren existentielle Anliegen, und es gibt sie in vergleichbaren Formen auch in der westlichen Literatur. So erzählt beispielsweise Franz Kafkas Gleichnis *Vor dem*

Gesetz von einem Mann, der zu einem Türhüter kommt und um Eintritt in das Gesetz bittet.[15] Aber der Türhüter erwidert, dass er ihm den Eintritt jetzt nicht gewähren könne. Was Kafkas Text mit dem Buddhismus verbindet, ist die Vorstellung eines Tores, das jemand durchschreiten möchte, das sich jedoch als ein undurchdringliches Hindernis darstellt. Im krampfhaften Nachdenken um eine Lösung erweist sich das Problem für den Mann umso unlösbarer, je mehr er darüber mit Vernunft und Logik nachsinnt. Es ist also die Schilderung einer paradoxen Situation, die Kafkas Text und die Kōan-Praxis verbindet. Man kann das »Tor des Gesetzes« bei Kafka als Eingang zur Weisheit des Weltgesetzes (*Dharma*) interpretieren. Wie ein Chan- oder Zen-Adept mit seinem Kōan kämpft, so ringt der Mann in dieser Geschichte mit der Frage, was hinter dem Tor liegt und wie er eintreten kann.[16]

Aber was das eigentlich ist, bleibt offen oder lässt sich mit Worten nicht beschreiben. Der Mann in Kafkas Gleichnis begehrt nach Eintritt in das Gesetz; im Buddhismus streben die Adepten nach dem Zustand der Nichtdualität, nach dem Eintritt in die Erleuchtung. Bei Kafka geht es wie im Buddhismus um die Unwissenheit, mit welcher der Einzelne dem gegenübertritt, was sein individuelles Dasein überschreitet. Bei beiden schimmert durch, dass es dieses Tor in Wirklichkeit gar nicht gibt. Es ist nichts als ei-

15 Vgl. Franz Kafka, *Erzählungen*, hrsg. von Michael Müller, Ditzingen 1995 [u. ö.], S. 180–182.

16 Zu diesen Ähnlichkeiten vgl. Dennis McCort, »Kafka and the East: The Case for Spiritual Affinity«, in: *Symposium. A Quarterly Journal in Modern Literatures* 55 (2002) H. 4, S. 199–216, bes. S. 199 f.

ne selbst erzeugte Imagination. Wenn es aber gar kein Tor gibt, wie könnte man es je durchschreiten? Am Ende von Kafkas Parabel wird klar, dass dieses eine Tor nur für diesen Mann bestimmt war. Er hätte einfach nur auf seinem eigenen Weg hindurchgehen müssen, tat es aber nicht.

Im Unterschied zu *Vor dem Gesetz* werden im Chan- und Zen-Buddhismus auch Erfolgsgeschichten erzählt: Der Erleuchtete geht seinen Weg und schert sich nicht um den Wächter am Tor. Auch bei Kafka erwägt der Mann kurz diese Möglichkeit, schließlich steht das Tor zum Gesetz die ganze Zeit offen – für jeden gleichermaßen, wie er irrtümlich glaubt. Doch als der Wächter ihn herausfordernd anlacht und die Schwierigkeiten schildert, die bei einem Eintritt auf ihn warteten – weitere Tore mit furchterregenden Türhütern –, resigniert der Mann und beschließt zu warten, bis ihm die Erlaubnis erteilt und der Weg gewiesen wird. In Kafkas Geschichte kann der Mann am Ende seines Lebens nicht mehr unterscheiden, was Wirklichkeit und was eigene Wahrnehmung ist: »Schließlich wird sein Augenlicht schwach, und er weiß nicht, ob es um ihn wirklich dunkler wird, oder ob ihn nur seine Augen täuschen.« Doch er erkennt im Dunkel einen Glanz, der »unverlöschlich aus der Tür des Gesetzes bricht«, und er stellt endlich die letzte und entscheidende Frage, warum niemand sonst um Einlass gebeten habe. Dem fast schon blinden und tauben Mann brüllt der Türhüter entgegen: »dieser Eingang war nur für dich bestimmt. Ich gehe jetzt und schließe ihn.« Im Buddhismus hingegen erlangt der aufrichtig und unbeirrt Übende am Ende die Erleuchtung und tritt in den vollkommenen Zustand des Nirvana ein. Die Ähnlichkeit von Kafkas Geschichte mit einem Zen-Kōan ist bemerkenswert, zumal es, als er diesen Text 1914 schrieb, zu diesem Thema noch gar keine deutschsprachige Literatur gab.

Zur Übersetzerin des *Mumonkan*

Die 1921 in Berlin geborene Übersetzerin Brigitte D'Ortschy war eine bekannte Architektin, Autorin und Journalistin. Nach langjähriger Tätigkeit in der Stadt- und Landesplanung in Bayern sowie der erfolgreichen Teilnahme an internationalen Ausstellungen, u. a. der »Triennale« in Mailand, erwachte im Alter von 42 Jahren ihr Interesse am Zen-Buddhismus. Viele Jahre lernte sie anschließend unter verschiedenen Meistern in japanischen Klöstern. Später lehrte sie an den Universitäten Waseda, Yokohama und Tokio. In vielen Essays beschäftigte sie sich mit der Kultur Japans und insbesondere den Lehren und der Praxis des Zen-Buddhismus. In den 1970er Jahren gründete sie in München-Schwabing und später in Grünwald eigene zen-buddhistische Zentren, die bald zu einflussreichen Gemeinschaften mit Schülerinnen und Schülern aus vielen Ländern wurden. Niemals nahm sie Geld für ihre Leistungen gemäß dem Prinzip, dass spirituelle Schulung kein Geschäft werden dürfe. Zusammen mit ihrem japanischen Meister Yamada Koun Roshi und anderen übersetzte sie viele Werke des japanischen und chinesischen Buddhismus, die westlichen Lesern einen verständlichen Zugang zu diesen Traditionen bieten. 1990 verstarb die Anhängerin der Sanbo-Kyodan-Linie des Zen-Buddhismus in Grünwald bei München. Brigitte D'Ortschy gilt als die erste deutsche Zen-Meisterin.